温柔的教养

做不焦虑的整体养育型父母

胡雪漫 ◎ 著

民主与建设出版社
·北京·

© 民主与建设出版社，2022

图书在版编目（CIP）数据

温柔的教养：做不焦虑的整体养育型父母 / 胡雪漫著 . -- 北京：民主与建设出版社，2023.1
ISBN 978-7-5139-4058-0

Ⅰ . ①温… Ⅱ . ①胡… Ⅲ . ①幼儿教育 – 家庭教育 Ⅳ . ① G781

中国版本图书馆 CIP 数据核字（2022）第 233385 号

温柔的教养：做不焦虑的整体养育型父母
WENROU DE JIAOYANG ZUO BUJIAOLÜ DE ZHENGTI YANGYUXING FUMU

著　　者	胡雪漫
责任编辑	刘树民
封面设计	末末美书
出版发行	民主与建设出版社有限责任公司
电　　话	（010）59417747　59419778
社　　址	北京市海淀区西三环中路 10 号望海楼 E 座 7 层
邮　　编	100142
印　　刷	三河市天润建兴印务有限公司
版　　次	2023 年 1 月第 1 版
印　　次	2023 年 1 月第 1 次印刷
开　　本	880 毫米 ×1230 毫米　1/32
印　　张	7
字　　数	128 千字
书　　号	ISBN 978-7-5139-4058-0
定　　价	42.00 元

注：如有印、装质量问题，请与出版社联系。

自 序

让孩子做一个在快乐中实现理想的人

"池塘边的榕树上,知了在声声叫着夏天。操场边的秋千上,只有蝴蝶停在上面。黑板上老师的粉笔还在拼命叽叽喳喳写个不停,等待着下课,等待着放学,等待游戏的童年……"童年,原本是美好、快乐的,可现在的孩子很难再找到歌词里描绘的童年感觉。天真烂漫、无忧无虑的童年,对孩子们来说已经是一种奢望,现在的他们已经被名目繁多的作业、培训课压得透不过气来。

有的孩子才上一年级,为了望子成龙,家长不惜花重金择校,让孩子上最好的学校。平时放学后,孩子除了要完成家庭作业,还得做一堆课外辅导题。还有的孩子,不但周末两天的时间都得去上课外培训班,平时周一到周五的晚上也不放过,要参加美术班、舞蹈班、合唱团、跆拳道班、钢琴班、书画班、围棋班等。家长几乎到了无所不用其极的地步。

家长送得累,陪得也累,可最累的还是孩子。他们的年龄还太小，这样的童年对他们来说不叫童年，因为没有欢乐和美好，只有压力和疲惫。

在这种教育模式下培养出来的孩子，要么完全适应了应试教育的模式，变成按部就班的学习机器，最终被教师和家长训练成表面成功的人；要么走向另一个极端，形成叛逆心理，长大后不但不会变成成功的人，还有可能导致心理不健康。

在这里，我想说的是，无论以何种教育方式来培养孩子，都不能以将来的社会竞争太激烈为借口，强迫自己去培养一个"成功"的孩子，更不应该以牺牲孩子的整个童年为代价。家长应该明确，人的成功分为很多种，并不是非要孩子一直努力地读到博士后，拿个高学历就算成功；也不是非得要孩子开公司，创业当老板才算成功；更不是非要把孩子培养成国家公务员，这样才能光宗耀祖。

无论一个人的工作岗位是否体面，这个岗位是否能拿高工资，只要能够在自己的岗位上做出成绩，做到优秀，每一天都有进步，那就是成功的。

亲爱的家长，请温柔地教养孩子，帮孩子去寻找记忆中的童年，找回他们失去的纯真和美好吧。让孩子拥有属于自己的空间，激发他们的潜能，让他们充分发挥想象力和创造力，做在快乐中实现理想的人，你会有意想不到的收获，孩子成功的概率也会大大增加！

目 录

上 篇 关于成长

/第一章/ 每个孩子都与众不同

1. 臭美宝宝的魔力 / 004
2. 我要自己挑衣服 / 008
3. 家有巧嘴女汉子 / 013
4. 宝贝是个"两面派" / 017
5. 自己的事情自己做 / 021
6. 妈妈，我也要做一本书 / 026

/第二章/ 孩子眼中的十万个为什么

1. 为什么不能说"不" / 031
2. 为什么喜欢指挥我 / 035
3. 为什么不给我报名学钢琴 / 040
4. 为什么当大姐姐的面骂我 / 044
5. 为什么不能和陌生人说话 / 050
6. 为什么老说别人家的孩子更好 / 055

/第三章/ 小小的怀里，大大的爱

1. 带着玩具去旅行 / 061
2. 小兔子去哪里了 / 064
3. 给小桌子揉揉疼 / 069
4. 给爸爸写信的孩子 / 073
5. 小小的怀里，大大的爱 / 076
6. 妈妈，我给你拿药来了 / 079

/第四章/ 爱孩子，就要懂孩子

1. 学会"输得起" / 085
2. 威胁孩子真的奏效吗 / 088
3. 不理睬爱耍赖的孩子 / 091
4. "作家"，就是做家务活儿的 / 095
5. 阿姨，我找不到妈妈了 / 099
6. 白云为什么不能涂成蓝色 / 103

下 篇　关于教育

○ /第五章/　生活教育，小生活里的大智慧

1. 药比饭好吃　/ 112

2. 不和细菌做朋友　/ 115

3. 神奇的跳蚤市场　/ 119

4. 坐不住的"蛇宝宝"　/ 123

5. 丢失的 1000 元压岁钱　/ 126

6. 父母偷点儿"懒"，能成就小大人　/ 131

○ /第六章/　学习教育，修得一支生花笔

1. 神奇的日历　/ 136

2. 家庭作业总动员　/ 140

3. 培养孩子自主学习的小细节　/ 143

4. "吼"出来的 100 分　/ 147

5. "诱惑"孩子爱上阅读　/ 150

6. 不陪，才是最好的陪伴　/ 153

/第七章/ 品格教育，父母的榜样力量

1. 榜样的力量 / 158
2. 白纸的二次利用 / 163
3. 偷拿贴贴纸送妈妈 / 166
4. 挖洞埋人的光头强 / 170
5. 过程才是最美的风景 / 175
6. 妈妈，我要帮你洗碗 / 178

/第八章/ 爱的教育，走出烦恼的纠结

1. 善意的欺骗 / 185
2. 幼小衔接班的烦恼 / 188
3. 女儿是否一定要富养 / 192
4. 教师节的礼物 / 196
5. 孩子应不应该放在家庭中的首位 / 199
6. 爸爸不能只为孩子提供物质财富 / 203
7. 父母的错，不应该让孩子来承担 / 207

/后 记/ 温柔教养的告白 / 211

上篇 关于成长

篇首语

成长是一个过程。

在成长过程中，我们会有各种各样的经历，有开心、痛苦、得到、失去。

心小了，所有的小事都大了；

心大了，所有的大事都小了。

成长有很多阶段：儿童、少年、中年、老年……

成长中，我们会学会感恩、学会团结、学会自立……

我们也会认识：真、假、善、恶、美、丑。

经历得越多，成长得越快。

总在父母的关照下生活，永远都不会成长。

成长是一个很简单的词，却长满那些关于爱的纠葛……

被这个词诠释的青春和过往，才更加丰富，更加鲜活，更加立体。

每个人都会长大，但与之同时都不想长大。

面对成长时，要快乐，树立正确的人生观、价值观和世界观。

天空云卷云舒，庭前花开花落，

回忆往昔，沉思今朝，笑迎成长旅途上的每一个明天。

/ 第一章 /

每个孩子都与众不同

1. 臭美宝宝的魔力

我家女儿是在龙年出生的,孩子爸亲切地叫她"小龙女"。女孩子天生爱美。在这点上,小龙女很有发言权。

我平时是一个很少化妆的人,基本上每天都是清汤挂面。这可能跟我在学校工作有关系,浓妆基本与我无缘,一般是要参加活动才化个淡妆。再可能是我的气质根本不适合化妆,淡淡的文艺气息,淡淡的衣裙,淡淡的人。

一次,我要参加一个文艺界的读书会活动。因为读书会上要发言,所以主持人建议我化个淡妆。于是,我把自己好久没有拿出来的化妆盒找出来,倒腾半天,终于给自己化了一个淡妆。

其实,我就是描了下眉毛,涂了点睫毛膏,上了一点儿唇彩。看着镜中的自己,感觉和没化妆之前区别也不大。正在镜子中傻笑的我,突然看见小龙女跑过来。

"妈妈,这些都是什么啊,看着好好玩,能让我玩一下吗?"

"这些不是玩具,是化妆用的东西。"

"化妆是什么？"

"就是你在六一儿童节表演时要画眉毛、涂口红，让自己变得美美的。"

"哦，我知道了，妈妈，化妆就是能把人变美。"

"是的，化妆还能让不漂亮的人也变美呢。"

"这么神奇啊？"

"是啊。行了，妈妈要走了，你在家乖乖的，妈妈很快就会回来的。"

"好的，妈妈再见。"女儿头一次回答得这么干脆，让我有点儿惊讶。平时，她特别黏我，我去哪里，她都会哭上半天，拽着我的衣服不让走。因为今天时间有点儿来不及，我没有想太多，既然孩子都让我走了，我哪有不走之理？难得女儿这么讲道理，我心里安慰着自己。

读书会活动很快就结束了。两个小时后，我兴冲冲地回到家，还没进门，隔着门缝儿就听见家里闹哄哄的。

一种不好的感觉涌现出来，第一感觉是女儿肯定在家闯祸了。我赶紧开门进家，当看见客厅里的女儿时，我不禁哄然大笑起来。

"宝贝，你这是怎么了？这，这，这……"我惊讶地问女儿。

"还能怎么？臭美呗！你看看，女儿都把自己弄成什么样子了。"孩子爸冲着我气冲冲地喊道。

"她自己弄的?"我继续惊讶地问。

"当然,难不成还是我弄的?"孩子爸依然没好气地说道。

我看着眼前的"小黑人",哭笑不得。女儿用我的眉笔给自己画了个比包公还黑的眉毛,又粗又直;嘴上涂了深红色的口红,像极了火烈鸟的大红嘴;两只眼睛用眉笔画了两个大圈,像极了国宝大熊猫。最搞笑的是,她居然翻出了我的睫毛膏,把睫毛涂成黑色,但因为睫毛膏有晕染功能,两只眼睛看起来有点儿惨不忍睹。

"难怪女儿今天一点儿都不黏我,原来这两个小时就尽折腾化妆品去了!"我哈哈大笑。

"你还好意思笑?以后这些东西要放在孩子拿不到的地方,幸好这也没啥,如果是危险物品,出了事,看你怎么负责?"孩子爸一副埋怨的模样。

"咱就事论事,别扯远了。行了,我来给她洗干净。"我一边打发走孩子爸,一边牵着"小黑人"走进洗手间。

"宝贝,你今天把自己画成大熊猫,你觉得漂亮吗?"我放了一满盆热水,拿着毛巾一边给孩子洗脸,一边做思想工作。

"漂亮啊,我觉得很漂亮。"女儿非常肯定地说。

"这也叫漂亮?"我睁大了双眼,开始怀疑女儿的审美观。

"是啊,大熊猫是国宝,人人都夸它漂亮。我都变成大熊猫了,我肯定也漂亮。"女儿的逻辑思维非常清晰。

"哦,这样啊。也是,妈妈觉得你说得对。"我不想打击女儿的自信心,但又不能让她觉得这个行为是对的,开始冥思苦想怎么向她解释清楚。

"宝贝,我也觉得大熊猫很漂亮,那是因为它本来就长得非常可爱。你本来的样子就很漂亮,所以不需要化妆。化妆是大人才会做的事情,因为化妆品里带有一些化学成分,小朋友用了的话,脸上会长疙瘩、变丑。"我尽量用浅显的语言给她解释。

"妈妈,你是说我本来就很漂亮吗?"孩子似乎转过弯来了。

"是的,你本来就很美,所以不用再化妆了。"

"我知道了,妈妈,以后我再也不化妆了。"女儿十分懂事地说。

"这就对啦,大熊猫漂亮,你也漂亮,你是白白的大熊猫,不用把自己变成黑熊猫。"

女儿若有所思地看着我,连连点头。

看来女孩子爱美真的是天生的,这臭美的小姑娘!

【正面解读】

爱美是人的天性。儿童心理学认为，宝宝的爱美分为四种类型——渴望赞美型、性别色彩新观念型、偏爱事物型和关注自我外表型。一般来说，幼儿园教师都会情不自禁地偏爱漂亮的孩子，路人如果偶遇漂亮的孩子，也会忍不住多看两眼。所以，宝宝爱臭美是没有错的，不用刻意打压孩子爱美的天性。

【温柔教养心得】

孩子爱臭美本身没有错，只是父母要帮助孩子把握好这个度——过分关注自我会形成自恋心理，影响孩子的心理健康和社会交往。父母为孩子打扮时，要考虑到孩子的年龄和心理发展水平。

教育孩子，除了要求其外表美，还要心灵美。父母要仔细分析孩子臭美行为背后的原因，然后采取恰当的对策，帮助孩子树立正确的自我概念和自我评价观。

2. 我要自己挑衣服

很多家长可能会遇到这样的情况：每天好不容易把孩子

从床上拉起来了，却被孩子穿什么衣服给折腾得够呛。

穿这件不喜欢，穿那件也不喜欢；穿多了他嫌热，穿少了又怕把他冷着；穿黑色的说太丑，穿白色的又容易弄脏；穿紧身的又说裹得不舒服，穿宽松的又说行动不便……这样的情况，让家长很是烦恼。

小龙女也不例外，不说经常这样做，偶尔也会遇到这样的情况。记得一天早晨，我刚给她穿完衣服，她嫌上衣和裤子不好看，于是嚷嚷着非要穿裙子。

"妈妈，你看今天外面的太阳好大，会很热的，我要穿裙子，穿裙子漂亮。"

"你都已经穿好衣服就不要换了，明天再穿裙子，可以吗？"我看时间不早了，赶紧带着笑脸安慰她。

"不行，今天我就要穿裙子，我是大孩子了，每天要自己挑衣服。"有时候，女儿真的有点儿倔。

"妈妈可不喜欢不讲道理的小朋友。"

"可这是你昨天答应我的。"

"我昨天答应过你什么了？"

"昨天穿衣服时，你说今天如果出太阳就给我穿裙子。妈妈说话不算话，还说我不讲道理。"女儿那张小嘴真的不是盖的，伶俐得很，我觉得她长大后会是个不错的辩论手。

"我昨天答应你了？"我真的不记得了，看来我的记性越来越差了。

"那好吧,时间还来得及,我给你换。妈妈答应了你的事肯定要做到,我们每个人都得守信用,对不对,宝贝?"我明白自己不能在孩子心里失信,于是非常爽快地答应给她换裙子。

"妈妈,我爱你,你真的是我的好妈妈。"女儿那张小嘴甜得发腻,更暖人心田。

"妈妈也爱你。"在暖暖的声音里,我立马找出女儿最漂亮的裙子给她换上。对付女儿,我这当妈的天生免疫,还是有自己的一套方法的。我正在心里为自己的成果窃喜时,手机短信提示音响了。我拿起手机一看,不看不知道,一看吓一跳。

"天啊,差点儿忘记了,昨天你们老师说今天幼儿园有检查活动,全园小朋友要统一穿园服。我这记性真的是越来越差,这可怎么办呢?"看着女儿穿着裙子美美自得的样子,又看着她的同学妈妈好心发来的提醒短信,我的脑袋轰地一下炸开了。

现在担心的已经不是孩子会不会上学迟到,而是对于一个爱美的女孩子来说,要想把漂亮的裙子从她身上扒下来换成休闲运动风格的园服,那感觉是一个世纪难题。

但是,既然老师已经下了通知,就不能让孩子一个人特例,穿着裙子去幼儿园不是明摆着跟老师唱反调吗?所以,怎么劝服女儿心甘情愿地把裙子脱下来换成园服,成为我现下思考的头等大事。

"妈妈,我们走吧,再不走就赶不上幼儿园吃早饭了。"女儿穿着裙子催促着,我还愣在原地绞尽脑汁地想着怎么说服她再一次把裙子换成园服。今天一大早就被女儿折腾得够呛,虽然窗外的阳光很明媚,但此刻我的心情却如同阴云一般。

"妈妈,怎么还不走?你看我的裙子多美啊,小伙伴们今天肯定会夸我。"女儿笑眯眯地再次催促道。

"宝贝,妈妈有件事情忘记告诉你了,今天你们幼儿园有活动,要所有人穿园服。妈妈给你道歉,的确是我忘记了。唉,妈妈现在的记性越来越不好了,你能原谅妈妈吗?所以,今天你还是不能穿裙子,要换成园服,不然其他小朋友都穿园服,你一个人穿裙子,有可能会被同学们笑话,老师也会批评家长。妈妈每天上班很累的,如果再被你们老师批评,妈妈的心里会很难过,你希望妈妈心里难过吗?"情急之下,我不得不采用苦肉计,不管孩子听不听,只能死马当活马医了。

"我不要妈妈难过,宝宝爱妈妈,妈妈也最爱宝宝。妈妈,那你赶紧给我换园服吧,不然我们就真的要迟到了。"出乎我的意料,刚才女儿为了换裙子跟我闹了一番,现在居然这么爽快就答应换园服,肯定是我的苦肉计奏了效。

看着满脸纯真的女儿，我心里对孩子充满愧疚：明明是自己的过失，忘记老师昨天交代的事情，倒腾了一圈又回到了原点。

我明白女儿肯定是有心理落差的，但是与穿裙子相比，她更爱妈妈，更在乎妈妈的感受。这样的好孩子，着实让我欣慰。

我又火急火燎地给孩子换上园服，在孩子白嫩嫩的脸上猛地亲了几口。一看手表，还有15分钟，时间是够用了，于是拉着孩子朝楼下走去。下楼的瞬间，我的眼角淌出一滴眼泪，马上故意别过头，没有让孩子看见。

【正面解读】

孩子为什么爱挑衣服？说明她开始有了自己的想法。对于衣服的颜色和款式，孩子有自己的喜好很正常，家长没有必要为此苦恼。

只要符合孩子的年龄和生理特点，她们适当地选择自己喜欢的衣服也属正常。这样还能培养她的自主意识，何乐而不为呢？

【温柔教养心得】

孩子对自己的挑剔可能并不自知，父母要引导孩子建立正确的审美观,帮助孩子认识到,穿着应注重其功能,以舒服、整洁为好。比如,去公园可以穿宽松的运动服,在家里则可以穿舒适的便服,外出做客要打扮得体。

3. 家有巧嘴女汉子

我见过性格活泼的孩子,却没有见过像我家女儿这么性格活泼的孩子,而且是女孩子。

女儿的性格非常活泼,显性基因是在她三岁以后我才发现的。三岁之前,她看起来还是比较乖巧、文静的。

都说孩子的性格大都遗传父母,孩子就是父母的翻版。我的性格自然不用说,小时候非常胆小,见到陌生人都会脸红,过年家里来了客人也是害羞地躲进屋里。甚至上了初中以后,我几乎就没有和班上的男生说过话。

老师为了改变我的内向性格,故意安排男生与我同桌,说是学习互帮小组。我只能听从老师的安排,可是在与男生同桌的一年里,我竟然只跟他说过两次话:一次是考试时我忘了带橡皮擦,只能找同桌借;另一次就是我的课本忘记带了,课堂上他主动借给我,过后我说了一声"谢谢"。这足见我的性格有多内向,跟外向的小龙女完全是两个极端。

大家肯定会猜测，女儿的性格绝对像爸爸。可是，据孩子爸爸说，他小时候的性格也是内向得不行，属于那种脸白腼腆的奶油小生。

孩子总是自己亲生的，不可能像别人。最后，在我和孩子爸爸的共同探索下，终于得出一个结论：隔代遗传。女儿的性格不像我，也不像孩子爸爸，但是像极了奶奶。据说奶奶小时候性格活泼，口才了得，能跟陌生人随意对话。

于是，如此活泼好动的小朋友，成为我们家第一个小小的女汉子。说她是女汉子，不仅仅是因为她的性格活泼、爱说话，还因为她那瘦小的身体总能做许多让人惊讶的事情。

一天，我在厨房做饭炒菜，突然发现没有食用油了。我急忙喊孩子爸爸："老陈，快帮我把花生油拿过来。"喊了几声没有人回应，我正准备关火自己去拿，哪知道女儿突然就从杂物间出来，还艰难地拖着一桶没有开封的花生油。

"妈妈，爸爸在上厕所呢。你看，我帮你把油拖来了，厉不厉害？"女儿十分兴奋地向我邀功。

"天啊，你怎么搬出来的？我记得这桶油放在架子上的，那架子比你还高一截呢，你砸到自己怎么办？以后不准再做这种危险的事情了，听到没有？"我有一点儿愠怒，不但没有表扬孩子帮我拿油，还因为担心她的安全而大声吼她。

这时候，锅已经烧得很热了。我没有心情顾及女儿的感受，打开油桶就往锅里倒油，开始炒菜。

大概几分钟后，我炒完菜端上餐桌时，发现女儿竟然坐在地板上一动不动地望着我，脸上满是委屈的样子。

"怎么坐地上了？宝贝，快去洗手吃饭。"我随意地对女儿说。

"我不起来，就坐在地上。"女儿明显地在发脾气。

"妈妈今天还没来得及做清洁呢，地上很脏，快起来。"我催促道。

女儿还是一动不动。

"咦，你这孩子怎么了，又犯倔了不成？"我转身准备去盛米饭，没多想她的小情绪是怎么回事。

"妈妈，你不公平。我帮你提了一桶油过来，是在帮你，你还怪我……"女儿一肚子的委屈。

"哦，对不起，妈妈不该怪你。你帮了妈妈的忙，我没有想到那么重的一桶油你竟然能拖过来，你力气可真大啊！哈哈，你是女汉子吗？"我马上意识到自己的做法让女儿觉得受了委屈，于是开始安慰她受伤的心灵。

"什么是女汉子？"

"女汉子，就是力气很大的女孩子。那么大一桶油，妈妈自己提都很费劲儿，你能拖过来，很棒，所以你就是女汉子。不过，妈妈很奇怪你是怎么把那桶油搬下来的，妈妈刚才吼你也是担心你被油桶砸到，所以你也不能怪妈妈。你觉得呢？"我向女儿解释着。

"那桶油本来就在地上。"

"啊？我想想……是的，我昨天搬下来的，瞧我这记性！"

"妈妈，你的记性越来越不好了呀。"女儿跟着起哄。

"不过，这桶油很重，你能拖过来就很不错了。"

"那我还是女汉子吗？"

"当然是啊，你是一个爱帮妈妈做事的女汉子，是妈妈最爱的小小女汉子。"

女儿破涕为笑："妈妈，我以后还帮你做更多的事情。你别看我小，力气可大着呢。"

看着女儿一副小大人的模样，我的眼里又开始湿润起来。

【正面解读】

口才，是一个人知识水平、思维能力、反应能力、表达能力的综合表现。当然，口才好不好也与天赋有关。如果你的孩子从小就喜欢讲话，见到任何陌生人都能滔滔不绝，那应该要特别关注孩子的这个天赋。

不要因为孩子话多就嫌他唠叨，不愿意花时间去倾听，甚至因为话多而训斥他，这些都是父母不明智的行为。

【温柔教养心得】

锻炼口才的方法有很多，如自我暗示："我一定会拥有好口才的""我一定要大胆发言""我一定要大声讲话"……还有一个最快的方法就是搭讪路人。你不妨去试试看，在你开口的瞬间，就证明你的勇气已经战胜了你的那些弱点。

4. 宝贝是个"两面派"

如果说小孩子不会挨骂，那真的是假的。

我在女儿身上操心最多的，不是学习问题，而是吃饭问题。我统计过，如果说女儿挨了十次骂，至少有八次是因为吃饭。

正是因为吃饭问题，我在孩子身上还发现了另一个让人头疼的问题。那是在孩子四岁左右时，一次跟老师聊天，我竟然发现女儿近一个学期没有在幼儿园吃早餐。我们都被孩子蒙在鼓里，因为我一直以为孩子在幼儿园吃早餐，老师又一直以为孩子是在家里吃了饭。

因为工作太忙，我没有及时跟老师保持联系。在这件事情上，两个大人竟然被一个四岁多的孩子给蒙骗了。也就是说，孩子生平第一次对父母和老师撒了谎。

作为一名老师，我对孩子撒谎这件事情几乎深恶痛绝，所以当知道女儿竟然这么做了时，我的肺都快要被气炸了，真想一巴掌扇过去，好好教训她一顿。但是，我知道自己真的打了她，事后肯定会后悔，于是在心里一遍一遍地说："孩子是我亲生的，绝对是亲生的！我不能打她！"

怎么办呢？事情已经发生，就必须解决。武力解决不了问题，我也不擅长用武力解决问题，左思右想后，还是决定先弄清楚事情原委，再对孩子进行思想品德教育，从心灵上开始疏导，思想上正确引导。

对于这件事情的处理，我跟她的老师进行了详细沟通，把孩子的问题一一说给老师。因为这件事情源于吃饭问题，关系到家里和幼儿园两个地方，所以，我觉得有必要让老师参与到这次对孩子的思想改造活动中。

经过了解，事情原委是这样的。女儿有一段时间不爱在幼儿园吃早餐，但又害怕老师问她为什么不爱吃幼儿园的早餐，于是就对老师撒谎说已经在家里吃过了。幼儿园是允许孩子在家里吃早餐的，而且我们家孩子也确实在家里吃过一段时间，所以老师就信以为真了。

女儿放学回家后，我问她在幼儿园的早餐和中餐都吃得好吗，女儿把头点得像小鸡啄米一样，还拍拍肚子说幼儿园的饭好吃极了。看着她开心的样子，我当然深信不疑，没有觉得有什么不妥。

于是，女儿在家里当着我的面说在幼儿园吃的早餐，在幼儿园当着老师的面又说是在家里吃的早餐。这样的"两面派"一当就是几个月，若不是我无意与老师聊天，这个"秘密"不知会持续到何年何月。

我跟老师沟通后，得知孩子平时在幼儿园里的表现非常好，上课专心，很喜欢跟老师一起做运动、学儿歌，跟小朋友的互动活动也很多，话还特别多。我们都很惊讶孩子为什么会撒谎，觉得不可思议。

我知道不该给孩子贴标签，也不相信孩子真的是个"两面派"。她之所以成了"两面派"，学会撒谎，究其原因，要归结到害怕吃饭的问题上。要解决撒谎的问题，就要找出她害怕吃饭的原因。

于是，我找了个时机问孩子："女儿，老师说你在幼儿园吃饭是最慢的，真的吗？"

"是啊，我觉得那些饭不好吃，就不想吃。"

"但是不能因为不想吃饭就不吃啊，你看妈妈和爸爸能长这么大，都是因为吃了很多饭。"

"可我就是不喜欢吃幼儿园的饭，那些菜太大了，我的嘴巴那么小，吃不下也嚼不动，所以不想吃。"

"可是其他小朋友在幼儿园吃得好好的，他们都能嚼得动，你为什么嚼不动？就算嚼不动也要学着嚼，知道吗？任何一个人做任何一件事情，都是从不会到会的。"

"妈妈，我想在家里吃早餐，你给我做早餐好吗？我喜欢吃面，但是幼儿园一个星期只有一天吃面条。那些包子、馒头、花卷、饺子，我都不喜欢吃，因为我嚼不动，所以嚼得慢，老师就老催我，还会批评我。每次吃饭，我都是最后一名，我不想当最后一名。"女儿不知道我和老师已经知道了她的"秘密"，正在探窥她的内心，于是毫无保留地将自己不喜欢吃饭的原因说了出来。

原来如此！

女儿不喜欢吃饭，只是因为吃得慢，不想当最后一名，不想被老师批评，所以给自己选择了一条不被批评的"路"，宁愿挨饿也不要当最后一名，仅此而已！

无论孩子撒谎还是当"两面派"，终归都有起因。孩子是天真的，起因很简单，也非常单纯，没有上升到道德品质问题。在我看来，这种单纯的"撒谎"和"两面派"，其实很好解决。

我了解了女儿撒谎的原因，然后委托老师对她进行单独的思想教育，告诉孩子"不能撒谎，有问题可以找老师，要实话实说"。如此，孩子的"两面派"问题便会慢慢得到解决。

正是从那天起，我答应了女儿的要求，在家里给她准备早餐，熬各种汤、下各种面条。虽然我要更早起床，责任更大,事情更多了,可能做的早餐没有幼儿园里的丰富、有营养,但只要是为了女儿,我觉得做什么都是值得的。

【正面解读】

孩子之所以撒谎成为"两面派",追根究底,是因为她内心怕被老师和妈妈责骂。但是,孩子根本不明白对妈妈和老师撒谎是不对的,她只是单纯地想保护自己免受责罚。

【温柔教养心得】

"心病还需心药医",既然源头是家长,解决问题就得从家长入手。首先搞清楚孩子为什么不爱吃饭,如果是病理性厌食,就要带孩子去医院检查对症下药;如果是平时缺乏锻炼,就多带孩子参加各种运动,消耗孩子的体力,促进他的食欲。

5. 自己的事情自己做

孩子的独立能力是锻炼出来的。在这一点上,我很有发言权。

我们家的情况很特殊。我的老家在外地,家里三个姐妹,妹妹在老家照顾父母，所以父母也就顺便帮妹妹照顾孩子。爷爷、奶奶也因为照顾外孙而没有更多的时间照顾小龙女，所以小龙女基本上从上幼儿园后都是我一个人带大的——吃喝拉撒睡、培训学习辅导课，一条龙服务。

有朋友会问："孩子的爸爸呢？"

我只能无可奈何地苦笑一声："唉，孩子爸爸比孩子还有孩子气，我能伺候一个就不错了，没空再伺候两个。"是的，孩子爸爸工作太忙，基本上指望不上，爷爷、奶奶也指望不上，远在外地的外公、外婆更指望不上，那怎么办呢？好吧，我告诉自己，独立自主、自力更生，把文艺女青年练成女汉子也不是什么坏事。

所以，在小龙女两岁半的时候，我就把她送进了幼儿园。不是我狠心，这是没办法的事，早点儿送孩子进幼儿园过集体生活，培养她固定的生活习惯。

正是因为这样特殊的家庭环境，加之我工作也忙，有时候的确顾不过来，很多事情，我开始无意识地让女儿自己学着做。

一天晚上，我在家里加班，女儿跑过来喊道："妈妈，你快给我放水，我要洗澡。"

"等会儿啊，宝贝，妈妈现在有点儿事情没有做完，10分钟后给你洗。"我安慰着女儿。

"不嘛，我就要现在洗。你不准工作了，快帮我洗澡。"女儿不答应。

"不对啊，你这小家伙竟然敢命令妈妈，你翅膀硬了吧？这还得了，我非得治治你才行，不然你不知道妈妈的厉害。去，自己放水自己洗。"本来因为女儿的到来打断了我的工作思路，心里有点儿烦，女儿的不妥协更让我火上浇油，于是我对女儿大声吼道。

"我怎么会洗？我还是小宝宝呢，我要妈妈洗，就要妈妈洗。"女儿不依不饶。

"本来妈妈是要帮你洗的，只希望你能等妈妈一会儿，可是你不体谅妈妈，不愿意等，还指挥妈妈。妈妈觉得你这样很不礼貌，所以从现在开始，我决定让你自己洗澡，学会自己的事情自己做。"

"我还是小宝宝，不会洗。"

"你已经上幼儿园，不是小宝宝了。"

"可是我不会放水，也不会涂沐浴露。"

"妈妈会亲手教你。"

"可是我怕水会烫到我。"

"不会的，咱们家的热水器是恒温的。"

"可是我不会脱衣服和袜子。"

"妈妈也会教你。"我安慰着女儿，尽量打消她的一切顾虑。

"可是，可是……"

"宝贝，以前是妈妈有时间，可以一直照顾你，可是今天我发现，其实很多事情妈妈可以放手，因为宝贝很聪明，可以学会自己做。而且，老师是不是也教过你们要学会自己的事情自己做？

"现在是夏天，洗澡几分钟就可以搞定，不要担心自己会着凉。妈妈觉得，现在是你锻炼自己的最好时机，妈妈想放开你的小手，希望你自己做一些力所能及的事情，好吗？"我觉得之前吼孩子有点儿过头了，心里愧疚，于是开始温柔地说话，希望能让她心里接受得更快些。

"妈妈，你是不是不爱我了？"女儿突如其来的问话，让我有点儿猝不及防。

"怎么会？妈妈很爱你，妈妈最爱你了。"

"那你为什么要工作不给我洗澡，还吼我呢？"女儿一副委屈至极的模样。

"小傻瓜，刚才吼你是妈妈不对，妈妈向你道歉。但我觉得这不是坏事，是时候让你慢慢独立了。"我一把揽过孩子安慰道。

"独立是什么意思？是不是大人就不管我了？"女儿的小问题还挺多。

"独立不是不管你，而是教你做一些小朋友都会做、都能做的事情。例如，自己刷牙、洗脸、洗澡、洗小袜子、收拾玩具和书本、盛饭、吃饭等。这些事情很简单，妈妈相信你能做到。那些你不能做到的事情，妈妈不会让你做，等你长大了自然会做。"

"那我们班的小朋友，都会自己的事情自己做吗？"

"当然！"

"那你会教我吗？"

"当然！"

"那好吧！"女儿终于答应了。我松了一口气，起身带着女儿去了浴室。

"今天是宝贝第一次学洗澡，妈妈就不工作了，教宝贝怎样洗澡，好不好？"

"嗯！妈妈，我爱你。"

"宝贝，妈妈也爱你。"

浴室里，母女俩尽情嬉戏，相视而笑。我教女儿如何擦沐浴露，如何搓泡泡，如何淋水。女儿很聪明，一学就会。

看着女儿纯真的笑脸，我觉得，那是世界上最美的笑脸。

自此以后，小龙女遇到自己能做的事情，不用我提醒，她都会自觉地对我说："妈妈，你好好工作，这件事我自己能做。"

那一刻，我的心里无比欣慰，世界上再高兴的事情也莫过如此。

【正面解读】

生活中，孩子已经习惯了父母的帮助，这样很难培养孩子的独立性。在这样环境中成长的孩子，动手及生活自理能力无形中就被扼杀了。

因此，让孩子自己的事情自己做，就是通过各种活动让孩子了解到自己是很能干的，体验自我服务带来的快乐。

【温柔教养心得】

父母应该要求孩子亲手去做那些他力所能及的事情，如收拾文具、洗袜子等。对孩子适当放手，让他学会独立，更利于他健康成长。

6. 妈妈，我也要做一本书

不能不说，三岁以上的孩子模仿能力和动手能力都很强，而且他们的长处和潜力是在不经意间挖掘出来的。

一个周末，我在书房里捣鼓一堆刚从出版社邮寄过来的书。看着崭新的、带着油墨香味的书籍，我的心里别提多高兴了。

女儿不知什么时候进来了,看着书房里的新书,好奇地问道:"妈妈,你怎么买这么多书啊?"

"这些书不是妈妈买的。"我得意地笑起来。

"那是别人送你的吗?"女儿始终很好奇。

"这些书不是别人送的,而是妈妈自己写的,然后出版印刷成书的。"

"妈妈写的?妈妈好棒啊!妈妈,我也要印一本书。"女儿一下子蹦了起来。

"小傻瓜,一本书是没有办法印刷的,出版社都是成批量一起印的,估计有几千册。"

"可是我也想要一本书啊!"

"等你长大了自己写一本书,然后出版就可以有了。"我笑着对女儿说道,然后就自顾自地倒腾新书,没再搭理她。

过了几分钟,女儿找来一沓彩色纸,兴冲冲跑来寻求我的帮忙:"妈妈,你可以帮我把这些彩色纸订起来吗?"

"你要干什么用?"我好奇地问道。

"我想要自己做一本书。"

"你自己做一本书?"我有点儿惊讶又好笑,毕竟女儿才五岁,她的想法有点儿天方夜谭。

"是啊,妈妈,你帮我把彩纸订起来,不就变成一本书了吗?"

"不错啊,小宝贝,妈妈觉得你的想法很好,把它们订起来的确就像一本书。可是里面没有内容啊,你又不会写字。"

"没事的,我会想办法的。"说完,女儿转身跑到书房里去了。

过了一会儿,女儿拿来她的成果给我看。原来,她是跑进书房"写书"去了。

女儿的"书"很特别,上面没有文字,只有图画和拼音——她竟然用图画和拼音编了一本小故事书。这太让我惊讶了,虽然拼音写得歪歪扭扭,有的还写错了,图画也非常简单,而且这本书只有六页,但是大概意思表达出来了。

"妈妈,这本书是我送你的,书名叫《妈妈,我爱你》。"女儿稚嫩的声音在耳边响起,我的内心涌起一阵阵涟漪。

"妈妈,我来给你讲讲这本书的故事。"女儿拿着自己的劳动成果,开始给我讲故事。我看着这本女儿自画自编的简易图画书,想着女儿对我满满的爱意,心里满是感动。这算是女儿的写作处女秀,我一定要好好珍藏——无论对女儿还是对我来说,这本"书"都太有价值和意义了。

我也想对女儿说:"宝贝,妈妈更爱你!"

【正面解读】

创造力是指产生新思想、新发现和创造新事物的能力,它是知识、智力、能力及优良个性品质等多因素综合优化构成的。创造力与一般能力的区别，在于它的新颖性和独创性。

现在的孩子想要与众不同，拼的不单单是谁考了100分，还有动手能力和创造力。

【温柔教养心得】

如何培养孩子的创造力呢？

家长应有意识地引导和鼓励孩子多观察、多思考、多动手、多提问，多尝试一些有难度的游戏。还可帮孩子建立一个小小的实验室，激发孩子的学习兴趣和求知欲，释放他的创造性天赋，提高他的探索能力和动手能力。

/ 第二章 /

孩子眼中的十万个为什么

◎ /第二章/ 孩子眼中的十万个为什么

1. 为什么不能说"不"

很诚实地说,小龙女不是那种听话的乖孩子,她很有自己的思想和主见,不会因为家长的意志而转移。很多时候,她会跟我唱反调,让我烦不胜烦。于是,她挨批评便成了家常便饭。

三岁以后,我发觉女儿变得有思想了,她喜欢说"不"——"不"变成她的口头禅,很是令我头疼。

早上起床,我说:"宝贝,今天温度很低,要多加一件衣服。"她回答:"不!衣服穿多了,我都活动不了了。"

周末,我带女儿去公园玩,出门前说:"外面风很大,戴上帽子吧。"她也回答:"不!戴帽子会挡住我的眼睛,不舒服。"

春秋季节,武汉的天气比较干燥,我提醒孩子:"宝贝,在幼儿园里记得要多喝水。"她回答:"不!幼儿园的其他小朋友都没有喝水。"

夏天,给女儿报了游泳培训班,我怕她晒黑就说道:"宝贝,来,妈妈给你擦点儿防晒霜。"她回答:"不!擦了身上油腻腻的，不舒服。"

周末晚上，快11点了，女儿还在地上玩着过家家，我催促她："宝贝，该睡觉了。"她回答："不！我还想再玩一会儿，反正明天不用上幼儿园。"

跳完舞回家，我看时间不早了，忙叫她："跳得一身汗，赶紧去洗澡吧。"她回答："不！我都跳得累死了，哪里还有力气洗澡？"

我花了几个小时精心做的晚餐，本来希望个子小小瘦瘦的女儿能看在妈妈辛苦做饭的分儿上给点面子多吃几口，她刚刚吃完半碗饭就放下筷子："妈妈，我吃饱了。"

"宝贝，你多吃点儿，饭吃得多才能长得更健康。"

"不，我已经吃饱了，不想再吃了。"还没等我反应过来，她就已经跑得不见人影了。

周末，带女儿去儿童书店，她没有好好阅读，倒是找出一大堆芭比贴贴纸、冰雪奇缘画册、各种儿童玩具，嚷着要我给她买。出门前，我和她说过每次上街只能买一样东西，价格在10元以下。但是她经常不会听我的，我行我素，嚷着要买所有的东西。

我说："如果你看见什么就买什么，这样是不对的。我们只能买一本实用的书，其他的都不能买。"她噘着小嘴巴说："不，我不，我就要买下所有的东西。"

我哄了半天，好话说了一大堆，她还是很倔。我有点儿愠怒,差点儿就发脾气,要不是因为在公共场合,肯定会吼她一顿。

这样的例子在生活中举不胜举。

我有些困惑,为什么三岁以前那个乖巧、听话的女儿不见了,取而代之的是一个喜欢跟我唱反调的孩子呢?无论我说什么,她总是用"不"否定,简直快成为让人头疼的问题小孩了,这可怎么办?

而且,我发觉自己本来温和的性格,也因为长期照顾孩子变得神经质,有些不正常,容易发脾气,爱吼孩子。自己也是教师,当然知道这样做肯定不对,所以一直在想如何解决孩子这个"我不,我就不"的问题。

思前想后,我觉得还是要智取,而不能靠武力解决问题。一天晚上,给孩子讲完睡前故事,我便非常温柔地问她:"宝贝,我觉得你现在肯定不爱妈妈了。"

女儿睁大眼睛回答:"我爱妈妈呀,一直都最爱妈妈。"

"那你爱妈妈,为什么现在你都不听妈妈的话了呢?"

"我不是很听话的吗?"

"你哪里听了?妈妈每次跟你讲道理,你都跟妈妈说'不',还'非不、就不'。妈妈很不喜欢听你说'不'字,觉得喜欢说'不'的孩子,是不听话的孩子。"

"那你和爸爸说话的时候不是也说'不'吗?那你也是不听话的妈妈了。"

"我们那是讨论问题，大人和小孩子不一样的。"我没有想到孩子会举例反驳，为了显示大人的威严，便找理由劝服孩子。

"哪里不一样？为什么大人能说'不'，小孩子就不能说呢？这不公平，大人和小孩子应该被同等对待。"

听到这句话的时候，我彻底惊呆了。她只是个孩子，竟然没有屈服大人的威严而敢于发表自己的观点，还能反问我，和我谈公平问题——公平，似乎对于小孩子来说是个很遥远的话题。

我本来还想跟女儿说说小孩子不能和大人一样谈公平，大人有自己的主见可以说"不"，小孩子还没有自己的世界观和价值观，说"不"就是不听话，执意地给她"洗下脑"——抬头看去，孩子已经呼呼睡着了。

哎，孩子是睡着了，可我却睡不着了。仔细想想，为什么大人能说"不"，孩子就不能说呢？说"不"，或许是孩子倔强的表现、不听话的征兆，但它不也是孩子逐渐有主见的征兆吗？难道孩子就不能和大人一样谈公平吗？

这些问题，恐怕我得用余生好好去思考了。

【正面解读】

不难发现，成长期的孩子都喜欢说"我不"，并不是因为他们不听话，而是他们的自我意识开始萌芽，是他们健康成长的标志。

孩子在成长的过程中，总要经受一次又一次的懵懂和觉醒、挣扎和变化，只不过有的孩子平静过渡，有的孩子表现明显。孩子开始对父母的话不再言听计从，这是心理学上所说的：孩子的第一次叛逆期。

【温柔教养心得】

对于叛逆的孩子，家长应该避免简单粗暴的打骂行为，这样只会适得其反。要多给孩子一些沟通、支持和尊重，适当地把决定权交到孩子手里。还可以采用旁敲侧击或者迂回的办法替代直接提出的要求，"冷处理"对待孩子的任性，给他冷静思考的时间。

2. 为什么喜欢指挥我

都说没有陪伴孩子成长的父母是不合格的，我诚然非常合格，但像我这样除了工作以外完全围着孩子转的父母可能也不多见了。

不陪伴是爱的缺失，陪伴过多也会矛盾重重，看来，父母不是那么好当的。

周末一大早，我和女儿一起睡了个懒觉。平时，女儿和自己一样早出晚归，我挺心疼她，周末时尽量让孩子多睡一会儿。大概9点，我先起床去厨房准备早餐，半小时后便去卧室喊女儿起床。

"宝贝，该起床了，吃早餐。"

"我还想躺一会儿。"

"我们已经睡了个大懒觉，现在该起床了。"

"好吧。"

"穿好衣服后去刷牙、洗脸，然后过来吃饭。"

"知道了，你每次都这样讲，我都记住了。"

"记住就好，我就不用多费口舌了。"

吃完早餐，我吩咐道："现在你回房间把拼音复习一下，我待会儿要听写。"我的语气很坚决，没有商量的余地。

"哦。"女儿乖乖地答应了。

半小时后，女儿的拼音听写完成了，全对。我照例表扬了女儿，认为全对已经是习以为常的事情，如果不全对才是不正常。

"好了，拼音复习得很好，现在去练琴吧，把学过的所有谱子都练习一遍。"

"妈妈，我想先玩一会儿再练琴。"

"不行，练完了再玩。你一玩得兴奋就不想再练琴了。"

"我会练琴的,妈妈,你就让我先玩一会儿吧。"

"不行,练琴后可以休息半小时,然后开始写数学作业。写完了,下午妈妈带你去游乐园。"

"好吧,那你不准骗我,说好了下午带我去游乐园。"

"我什么时候骗过你啊,每个周末都会带你出去玩,你是你们班上童年过得最幸福的小朋友了。"学习加娱乐,我对自己教育孩子的方法很认同。

"那我们拉钩。"

"拉钩拉钩,100年不许变,谁变谁就是大灰狼。"我和女儿拉完钩,她便乐呵呵地去练琴了。我本身对音乐不是很懂,听着女儿弹奏的美妙音乐,心里惬意得很。

练完琴,女儿按照我的安排休息了半小时,开始做学前数学题,我则准备中餐,这时候外面下起了雨,雨越下越大,一点儿没有要停下的意思。但我估摸着,这场雨下午应该会停,于是心里没有在意这场突如其来的大雨。

"妈妈,我的数学作业做完了,现在可以去游乐园了吗?"

"吃完中餐再说。你看现在下这么大的雨,怎么去?你先把自己课桌上的书、玩具都收拾干净,等雨一停我们就走。"我安抚着女儿那颗好玩的心。

"你为什么老是指挥我做事啊?先是指挥我做拼音作业,接着指挥我练琴,然后指挥我写数学作业。我全部都完成了,你说带我去游乐园，现在又指挥我去收拾桌子。"女儿一脸的抵抗和不满情绪。

"我这是指挥你吗？这是正常的学习要求。"

"就是指挥我，你每天指挥我做那么多的事，还说话不算话。"

"我没说不带你出去玩，只是现在下雨了，不方便出门。"

"可以打伞啊！"

我直接被孩子的这句话噎住了。是啊，下雨怕什么，可以打伞。看来，下雨在孩子眼里只是我说话不算话的一个拙劣理由。

"这样吧，等雨稍微小点儿我们就出去，现在雨有点儿大，一出门鞋子就湿透了。"

"可以叫个滴滴专车，让车开到我们家门口，鞋子就不会打湿了。"小家伙真的是精得很，我突然觉得自己有点儿小看她了。

"行，我觉得你说的办法很不错，但前提是吃完中餐和你把自己的课桌收拾干净。"

女儿这次没再与我争辩，直接冲进房间，利索地把课桌收拾干净，然后坐在沙发上看起了动画片。

"宝贝，面好了，快来吃。"

女儿看动画片正入迷，没有应答我。

我走过去准备关掉电视机，路过女儿的卧室，看见阅读区满地的书籍，就说道："我不是跟你说过，书看过后要放回原位吗？刚才让你整理书桌也不顺手整理好，现在快去。"

"你不是说不指挥我做事了吗？"我让女儿整理书籍，让她烦不胜烦。

"这怎么是指挥呢？这是你应该做的事。"

"这就是指挥，我不要你指挥，我要自己指挥自己。我现在不想吃面，也不要整理书籍，要看完动画片再吃。反正我就要自己指挥自己，不要你指挥了。"

女儿的后半句话逗得我捧腹大笑，我没再强求她先吃面和整理书籍。是啊，她要指挥自己做事，我干吗要干涉那么多呢？孩子算是听话的，即使我不指挥她，她也能自觉完成这些必做的事情。

于是，我一边吃着面条，一边看着坐在沙发上看动画片不停咯咯笑的女儿。外面的雨也越来越小。

【正面解读】

很多家长认为小孩子不存在自主权，认为他就是一个孩子，就得听大人的指挥。但是，家长往往忽略了孩子也是独立的个体，都有表达自己各种意愿的权利，而这种权利不应该被剥夺。

【温柔教养心得】

家长要充分给孩子自主权。第一，尊重孩子的意见，让他有一定的选择权。第二，有奖有惩，奖惩分明。第三，耐心地给孩子讲道理。第四，腾出更多的时间陪孩子成长。第五，家长要以身作则，给孩子树立起好榜样。

3. 为什么不给我报名学钢琴

课外培训班的兴起，无疑给众多家长增加了许多压力和负担。首先是经济压力，因为各种课外班的费用并不低，如果换作条件一般的家庭，这笔培训费用无疑很难承受。其次是精神负担，所有家长都怕自己的孩子输在起跑线上，于是拼命地给孩子报各种培训班，这就套上了沉重的精神枷锁。

我记得自己小时候没有这么多课外培训班，培训这个词，在那会儿根本就没有出现过，除了完成家庭作业，其他时间都在玩。

我们那一代人的童年，可以说是最快乐、最自由的，没有任何精神压力。看看现在的孩子，从幼儿园开始就有了家庭作业，从三岁就开始报各种课外培训班——女孩子的话，舞蹈、钢琴、主持、表演、画画等，基本上是人人都要学的；男孩子的话，跆拳道、篮球、羽毛球、游泳、书法、象棋等，也是能报的都要报上。结果，当时的我们不参加培训，照样考上大学当了老师，现在被过多培训的孩子也不见得将来就能成才。

我对女儿是否参加课外培训班也是犹豫的，希望小龙女能有一个快乐、开心的童年，而不是平时在幼儿园学习，周末还得四处上培训班。但是，在这样一个单凭个人意识无法改变的大环境下，曾经豪言壮语不给孩子报培训班的我，终究还是没能履行自己的诺言，随波逐流。

只不过，我是有原则地来选择培训班，不是像很多家长那样盲目地选择——语数外一把抓，孩子累，家长更累。我的原则是，首先是孩子得喜欢，让她自愿参加而不是强迫她。其次，我觉得艺术类的有必要培训一下。马云说过，不会琴棋书画的孩子将来必定会被社会淘汰。这说得一点儿都不夸张，现在的社会竞争很激烈，孩子们靠什么能力来脱颖而出呢？也就是说，孩子仅有学习能力还不够，还必须有一门艺术特长。

鉴于此，我尊重小龙女的意愿，给她报了画画班和舞蹈班。所以，虽然自己也成为随大溜家长中的一员，但是孩子学得轻松，我也没有任何压力。

舞蹈和画画,是小龙女四岁时开始学的。记得女儿学到半年的时候,一次,她和幼儿园同学一起玩,同学说起自己在学画画、小主持人、英语和钢琴,小龙女说自己就学了画画和舞蹈。有趣的是两个小朋友之间的对话。

"我要上四个培训课,你怎么只要上两个?"同学问小龙女。

"我不知道,妈妈只给我报了两个。"

"哈哈,那我以后肯定比你棒,因为我学得比你多!"同学胸有成竹地说道。

"那我再叫妈妈给我报两个,我就跟你一样棒了。"

"可是我已经比你先学了很长时间,你还是比不过我的。"同学的话,有点儿挑衅的味道。

"那我就让妈妈给我报三个,比你多一个,这样就会比你棒。"小龙女十分不服气地说。

"那我就报四个。"

"那我就报五个。"

……

两人你一言、我一语地争论不休,我和女儿同学的妈妈看见不对劲儿,赶紧把两个孩子各自拉开,带回了家。

回家的路上,小龙女噘着小嘴问我:"妈妈,你为什么不给我报钢琴班呢?"

"宝贝,我觉得你把画画和跳舞学好就可以了。"

"可是我的同学都报了四个课外班,你为什么只给我报两个呢?"

"学那么多,你会很累的,妈妈希望你有一个快乐的童年。"

"可是我也想学钢琴。"

"你不是真心想学,而是要跟同学攀比,这样是不对的。"

"我哪里是跟同学比,就是喜欢钢琴啊。"小龙女死不承认。

"好了,我们回去吃饭,学钢琴的事以后再说。"

我不想让女儿养成攀比的心态,于是果断地打断她的话,再也没有提起过此事。女儿也就是脑子一热,后来就渐渐忘了。

直到女儿五岁半的时候,她的画画和舞蹈有了一点儿基础,也确实喜欢学钢琴,我才终于实现她当初的那个愿望。至此,女儿最多的时候也就学习三个课外班,再多我也没有时间和精力了。但总体来说还好,至少都是女儿喜欢的,她从来没有强烈抗拒过。

【正面解读】

教育专家张燕萍说:"攀比伤害了孩子心中最美好的感情,攀比伤害了孩子的自信和自尊,攀比会让孩子产生绝望感。"现在,很多家庭是独生子女,非常宠爱孩子,家长之间也是盲目攀比，久而久之，孩子就学会了这种坏习惯。

攀比会压抑孩子与人交流的欲望，不信任他人的善意，更愿意一个人藏在自己的世界里，对孩子的成长有害无益。

【温柔教养心得】

家长应坚决杜绝孩子在成长过程中产生的攀比心理。

孩子是单纯的，虽然有着强烈的好奇心，但不会辨别自己与别人的差别。家长不要拿别人家的孩子来贬损自己的孩子，应该多用鼓励的言语提示孩子很棒。

4. 为什么当大姐姐的面骂我

所谓"人要脸，树要皮"，很多家长一直以为，只有大人才要面子，孩子是不存在面子问题的。小孩子如果与大人的意见不统一，大人便会觉得孩子不听话。

其实，每个人都是独立的个体，有自己的特色和个性。别以为孩子就应该听大人的，别以为孩子就不要面子，在生活中，孩子不仅要面子，甚至比大人更要面子。

在这一点上，我有深刻体会。

◎ /第二章/ 孩子眼中的十万个为什么

　　那是小龙女四岁左右时，我约着同事带着孩子一起度周末，去吃饭、逛街、看电影，本来是一件挺开心的事情，但中途却出现了意外情况。同事又约了邻居两家一起，所以本来的两家变成四家。这样的机会也难得，都说人多热闹，孩子们也能痛痛快快地在一起玩个高兴。

　　一个孩子单独玩和一群孩子一起玩，是有很大区别的。平时，小龙女一个人在家玩都是静悄悄的，自己玩自己的。我也不管她，想锻炼她的独立性，自己也可以做点儿事情。

　　几个孩子一起玩就完全变了模样，闹腾自不用说，有时候到了疯闹的地步，让人难以相信她们是女孩子，没有了一点儿文静的样子。这不，小龙女进了饭店的包厢，见到三个大姐姐就跟哥伦布发现新大陆一样兴奋不已，还没等到我领她跟几个阿姨打招呼，就已经跑上前跟三个姐姐打成一片了。

　　是的，你们猜得没错，小龙女就是个自来熟，无论到陌生的地方、碰到陌生人，她都一副天不怕、地不怕的模样，露着天真的笑容去跟别人说悄悄话。

　　三个小姐姐正拿着妈妈的手机玩着一款游戏。小龙女好奇，就贴着热脸凑过去，小姐姐也欢迎妹妹的加入。于是，四个小女孩开始专心致志地玩起游戏来。不得不说，现代社会的飞速发展，让通信技术成为人们生活的一部分，就连孩子也逃脱不了这样的命运——孩子玩起游戏来，绝对比看书、学习更认真。

不一会儿，美味可口的饭菜上来了。三个小姐姐赶紧放下手中的手机，开始吃喝起来，只有小龙女还在埋头玩着手机游戏。

我轻声喊了小龙女一声，可是她似乎没有听见。又过了一会儿，我再次提醒她不要再玩手机该吃饭了。她仍然没有理我，自顾自地玩着游戏，还咯咯地笑出声来。

我心里的怒火开始慢慢滋生，但是在这种公众场合，我知道不能随意对孩子发脾气，于是忍住性子说："宝贝，你看小姐姐都开始吃饭了，你再不吃就被小姐姐们都吃光了，没有吃的了，待会儿要饿肚子的。"

"我才不会饿肚子呢，现在不想吃饭。"小龙女的一句反驳，让我很是恼怒，但是碍于情面，依然赔着笑脸哄她："宝贝，大家吃完饭待会儿要去看电影的，你别玩手机了，吃完了再玩，可以吗？"

"不吃不吃，我现在不饿，不想吃。"小龙女依然一副抵触的态度。

"你不听妈妈的话，妈妈生气了啊，下次不带你跟姐姐们一起玩了。"我半哄半威胁道。

"不带就不带，反正我现在就是不饿。"小龙女依然玩着游戏。

"你这孩子怎么这么不听话呢？那行，你不吃饭，我们现在就回家,待会儿你也不要看电影了。"我有点儿控制不住情绪,开始愠怒。

"我不要回家,我要和姐姐们一起看电影。"

"那你先吃饭。"

"可是我现在不饿。"

"等你饿了,那时候就没有饭吃了。"

"没有就没有呗!"女儿的一再倔强,彻底激怒了我。我终于在公众场合没有控制住脾气,一把夺过手机,厉声喝道:"吃饭!不许讲条件!你才多大,我说一句,你还顶三句。"之所以在公众场合教训孩子,我是觉得连孩子都管不住,在其他家长面前太没有面子了。

小龙女被我的喝声镇住了,没有再和我争夺手机,但也不吃饭——我把菜夹到她的碗里,她不理睬,我又夹起菜喂她,她依然闭嘴不吃,以示对我刚才怒喝她的无声抗议。

若是在家里,估计小龙女已经再次挨训了,但是想着其他三个家长看着我,三个小姐姐也看着我,我不能轻易发火,于是依然哄着她:"宝贝,快点儿吃,不然来不及看电影了。"

"我不吃就不吃,你给我玩手机,我就吃。"小龙女这话不说不要紧,一说出来不是挨训的节奏吗?

这时,一个小姐姐笑了:"你怎么这么不听妈妈的话呢?要是我这样不听话,早就挨妈妈打了。"

"是啊,我们都听妈妈的话,吃完饭再玩手机。"另一个小姐姐也附和着说道。

"真是太调皮了，下次我们不跟你一起玩了。"最后一个小姐姐在偷笑着说道。

"不吃拉倒，待会儿饿死你。"虽然孩子犯错让我很生气，但是别的孩子批评自己的孩子，当母亲的心里当然不舒服，于是我对着小龙女狠狠地说着气话。

"我就不吃，气死你这个坏妈妈。"

"有本事你再说一遍！"

"小孩子才不会饿死呢，饿死你这个坏妈妈。"

我心中的怒火，彻底被小龙女的话激起来了。在三个妈妈和三个孩子面前，如此说话大逆不道的孩子，如果我再不教训，人家就会笑话我没有家教了。

我顾不上还在公众场合了，该教训孩子的时候必须教训。我把小龙女用力扳过身来，拽住她的小手，在手心上就是三巴掌。可能是我用力过猛打疼了，也可能是她觉得自己受了委屈，她大声哭起来。我不管她如何哭，一把将她拖起来："既然带你出来玩却不听话，那就别玩了，走，回家。"

"我不回家，我要和姐姐一块儿玩。"

"我现在就把电影票退了，不看了。气死我了，你这么不听话，以后别再想让妈妈带你出来玩了。"我在教训小龙女的时候，看见三个小姐姐还在嘲笑小龙女，笑她不听妈妈的话。

◎ /第二章/ 孩子眼中的十万个为什么

"我不,我就要出来玩。"小龙女边哭边抗议。我当时已经不会再理智地考虑孩子在公众场合被妈妈训是否会被小姐姐笑话了,拿起包,然后粗暴地拖着她离开了饭店。

后来,我还是带着小龙女去看了电影,只是单独去的,没有跟大家一起。那时候,我觉得小龙女再闹下去,只会让其他三个妈妈和姐姐看更多的笑话,于是毅然决定先带孩子离开,找一个安静的地方慢慢开导她。

事实证明,我当时的决策是对的。我一直认为,孩子该教训的时候就必须教训,不能让她任意妄为,但是该哄的时候也必须哄。

那天我们离开后,我带小龙女到了一家甜品店,给她买了蛋糕和饮料,又抱抱她和摸摸她的脑袋,她终于不哭了,开始红着眼睛吃蛋糕。趁这个时候,我问她:"宝贝,你是不是不爱妈妈了?为什么刚才说妈妈是坏妈妈?妈妈真的很伤心呢。"

小龙女吞下嘴里的蛋糕,道出自己的苦水:"妈妈不是坏妈妈,最爱宝宝的。可是因为妈妈骂我,姐姐们都在笑话我,说我是调皮的孩子,还说再也不跟我玩了。她们都不喜欢我、讨厌我,所以才不跟我玩,那个时候的妈妈才是坏妈妈。"

哦,原来如此!知道孩子的内心没有"邪恶"的根源时,我终于放下一颗悬在半空的心。

【正面解读】

孩子挨骂并不可怕，可怕的是她看见几个姐姐在嘲笑她，这种心理上的打击会给她留下阴影。那才是她真正伤心，并说出"气死你这个坏妈妈"这样大逆不道的话的根源。

俗话说"狗逼急了也会跳墙"，孩子生下来就是白纸，很多时候是大人没有完全考虑孩子的心理感受，忽略了孩子也要"面子"。

【温柔教养心得】

无论在什么地方，家长都应该顾虑孩子的心理感受，也就是孩子的"面子"。

在孩子老师或者玩伴面前，应该多说表扬和鼓励他的话，而不是当面批评甚至打骂他，那样只会适得其反。当你给足孩子"面子"时，他也会为你赚足"面子"，那才是他成长的正确打开方式。

5. 为什么不能和陌生人说话

小龙女的个性很活泼，活泼得让我时常担心她的安全问题。

一个周末的下午，把家里收拾妥当后，我坐在沙发上用手机浏览新闻，一条关于儿童离奇失踪的新闻，瞬间让我的神经紧绷起来。其结果是让人极其悲伤且愤怒的——数天后，孩子的尸体在某个隐秘的地方被警方找到。

其实，每年都有不少儿童失踪案件，要么是被人贩子拐卖，要么是虐童事件，要么是人际矛盾报复。其中，最多的应该是万恶不赦的人贩子拐卖团伙，这是让父母最揪心的问题，也是现在很多初高中学生上下学还需要父母接送的原因。

想想女儿之前在陌生的环境里经常跟陌生人接触，我不禁在心里为孩子捏了一把汗。女儿的一张巧嘴，无论跟她同龄的还是长辈，甚至是从未谋面的陌生人，都能与对方搭上几句话。这让我重新审视起孩子的安全教育问题。

小龙女放暑假了，我带她去外婆家玩几天。外婆家从武汉出发要坐四小时的火车，还要坐一小时的汽车。一路上，孩子就没有闲过，在火车上先是玩了一会儿带的各种玩具，又画了一会儿画，吃了一些零食。最后实在闲不住了，便开始她的"特长"——与前排年轻漂亮的大学生姐姐搭话。

我也觉得奇怪，一个小孩子怎么会跟成年人有共同的语言呢？但她就是会没话找话，能把小孩子的趣事都说给大人听。我在一旁听着小龙女和大学生姐姐聊天，心里还挺佩服她的。过了一会儿，或许是觉得跟大姐姐没有什么可聊的了，她便转移目标，跑到后排与她同龄的一个男孩子去玩了。

反正这是在火车上，我倒也放心让小龙女发展她的交际圈。

下火车后，我们搭上一辆滴滴顺风车上了高速公路。轿车后排坐了三人——我和孩子，还有一个长得比较和善的中年阿姨，在自顾自地玩着手机游戏。

女儿也要玩手机，正好我的手机快没电了，就没有给她。她便主动凑到中年阿姨跟前盯着手机看，还跟对方搭上了话，如自己叫什么名字、今年几岁、在哪所幼儿园上学、各种幼儿园趣事等这些私密信息，都被她毫不保留地说了出来。

我的心一紧，赶紧拉过小龙女，让她别打扰阿姨。可孩子在手机游戏面前哪里肯听，根本不搭理我，继续跟陌生阿姨聊着，甚至从我的身上挣脱，毫不客气地一屁股坐到人家身上去了。这股亲昵劲儿，直把我看得一愣一愣的。

要知道，我们只是同车的陌生人而已，孩子对陌生人完全不设防，把自己的信息全部告诉对方，以后出现什么问题就麻烦了。那个中年阿姨倒也热情，看见聪明可爱的孩子跟她热乎，她也完全接纳，没有一点儿拒绝的样子。

我一把拉过小龙女，说这样让阿姨抱着不礼貌，强行把她拉回到身边，并对对方礼貌性地道歉。小龙女还惦记着阿

◎ /第二章/ 孩子眼中的十万个为什么

姨手机里的游戏，于是在车里哭闹着不停。为了不打扰其他乘客，我赶紧拿出充电宝给手机充电，把手机给了她后才消停。

到了外婆家，一放下行李，我就非常严肃地批评女儿。

"你刚才在车里的表现很不好，以后再这样，我就不带你回外婆家了。你知道自己哪里错了吗？"

"妈妈，我知道不应该在车上玩手机游戏，那样对眼睛不好。对不起，以后我不再玩了。"

"这是一方面，还有更大的错误，你还没有认识到。"

"我在车上哭闹也不对，吵到别人休息了。"

"还有呢？"

"没有了。"小龙女承认了两个错误后，便睁大眼睛望着我，一副很无辜的样子。

"宝贝，你听好了，你刚刚说的这两个是小错误，妈妈知道你以后肯定会改掉。但是，有一个最大的错误你还没有认识到，那就是不要随便跟陌生人说话。"

"陌生人？什么是陌生人？"

"陌生人，就是你从来没有见过的人，刚才车里的那个中年阿姨就是陌生人。"

"妈妈，你是让我以后不要跟那个阿姨说话了吗？"

"不只是那个阿姨，所有你没有见过的陌生人都不能随便说话，也不能把自己叫什么名字、在哪里上学、住在哪里都告诉对方,更不能坐到人家身上去,那样不仅没有礼貌,也很危险。"

"为什么不能跟陌生人说话呢?"

"如果那个陌生人是坏人,你把自己的名字和学校告诉了对方,他就会按照你说的地址找到你们学校,趁你放学时把你拐走,那样你就永远见不到爸爸、妈妈了。你明白了吗?"我语重心长地教育着女儿。

"嗯,妈妈,我懂了。陌生人都是坏人,坏人就会把小孩子拐走,见不到爸爸、妈妈会好可怜的,我以后不会跟陌生人说话了。"女儿似懂非懂地望着我。

"对,被坏人拐走了很可怜的。所以,记住了,不能随便跟陌生人说话。"

女儿在我的教育下使劲儿地点点头,随后就被大姨妈家的姐姐拉去玩了。

其实,我很想跟女儿说,也不是所有的陌生人都是坏人,但怕说多了,她会越糊涂,所以干脆直接明了地告诉她不能随便跟陌生人说话。

女儿爱跟陌生人搭讪,以前我没有往坏处想这事,反而觉得这是孩子口才好的表现,内心还一阵窃喜。看了诸多孩子被拐骗的新闻后才惊觉,这完全是因为我对女儿的安全教育不够。正是从那以后,安全教育成为我时刻挂在嘴边的话题。

◎ /第二章/ 孩子眼中的十万个为什么

【正面解读】

现在社会上经常会出现拐卖、抢夺婴幼儿的案件,影响恶劣,伤害极大,所以加强孩子的安全教育刻不容缓。只有学会自我保护,远离危险,孩子才能拥有幸福的童年,享受美好的生活。

树立安全教育的观念,可以让孩子在没有大人帮助的情况下也能保护好自己。

【温柔教养心得】

家长应该及早地教给孩子必要的安全常识。例如:过马路看到绿灯才能通行;记住父母的名字和电话、家庭住址、学校地址等;记住110、120、119等紧急求助电话;如果孩子单独在家时,告诉他不能给陌生人开门。

6.为什么老说别人家的孩子更好

女儿在舞蹈培训班学习已有一年时间,说实话,我没有看出有多大的效果。除了每年寒暑假有四五场大型文艺会演外,女儿平时主要是练习舞蹈基本功,学两段简单的儿童舞蹈。迄今为止，女儿在舞蹈上能学会的基本技能只是劈叉、压腿及跪下腰。

当然，我让女儿练习舞蹈的目的很明确，只是锻炼身体，所以对她没有具体的要求。

每次女儿练完，我都会满脸微笑地夸赞她："宝贝，真棒！"结果，一味地夸赞让女儿沉浸于"我最棒"的思想中，导致她难以接受文化课学习落后带来的心理反差。

记得女儿五岁半时，我在家里教她汉语拼音。

当时，我自认为当年好歹也是一名小学一级语文教师，算是桃李满天下，教孩子汉语拼音完全没有问题。出乎我的意料，当老师的能教好别人的孩子，不一定就能教好自己的孩子。

我发觉女儿很聪明，但是教了她一段时间后，却教不出该有的效果。女儿要么注意力不集中，要么就是我说东她做西，并且批评她时根本没有一点儿畏惧感。这让我一度郁闷，甚至怀疑自己的教育水平。

我开始请教一些教育专家，他们给我的答案是："别人家的孩子是作为你的学生个体，他们对老师有畏惧感。你在女儿面前不是老师，没有那种威信，孩子会不自觉地把你当成妈妈而不是严厉的老师，自然难以教好自己的孩子。"

听到此言，我果断将女儿送到幼小衔接班里学习拼音，想看一看自己教和别人教到底有什么区别。一个月后，我发觉女儿似乎没有特别明显的进步，只会认单独的拼音音节，但将它们分别放在不同的位置就又不知如何拼读了。

我心里有点儿着急，于是向女儿的老师提出疑问。老师说，要在家里经常复习，不复习，孩子很快就会忘记。我拍拍脑袋，直呼自己聪明一世糊涂一时，亏自己还是老师，连复习这么重要的事情都忘记了。从那以后，我每天晚上下班回来便开始给女儿复习听写。

一个周一的晚上，我让女儿默写23个声母，然后就去洗衣服了。半小时后，我走向女儿的房间准备检查作业，发现她坐在地板上正专心致志地玩乐高玩具，便拿起她的作业本，发现23个声母全默写对了。

"宝贝真棒，全部默写对了。好了，不玩玩具了，光会默写声母还不行，还得会写简单的声母词语。把作业本拿出来，准备听写了。"我先是把女儿表扬一番，然后给女儿报了20个拼音词语。

本以为女儿会再次给我惊喜，哪知20个拼音词语里竟然错了5个，要么是拼写错误，要么是少拼或者多拼一个音节，都是不细心导致的错误。在我看来，这些小错误完全可以避免。

"小朋友，你看看自己多么粗心大意，这些本来你都会写，可是为什么会写错呢？如果是在考试中，你本来可以考

100分，最后只考了75分，多划不来。"

"你刚刚还表扬我呢，现在又批评我……"女儿一脸的委屈。

"该表扬的肯定要表扬，该批评的也必须批评，不能混淆。你看看隔壁的子杰哥哥，从小考试都是100分，你怎么不能向他学习一下，不要总是那么粗心大意呢……还有青青姐姐，学习成绩一直都很好，从来就没有考过90分以下；还有楼上的贝贝哥哥，你看看别人的成绩……"的确，几分钟前我还在表扬女儿，现在一下子没有把控住自己的情绪。

"别人家的孩子好，你喜欢他们去，别喜欢我了，我不要当你的宝宝了……"女儿开始跟我顶嘴。

"这孩子，让你虚心学习还有错了？我看真的是平时对你太好了，惯的！"

"我每次犯错误，你都说别人家的孩子更好……"女儿突然伤心地哭起来，"你为什么老说别人家的孩子更好？我才是你的宝宝，我考不到100分，你是不是就不喜欢我、不想要我了……"

我的心像被针扎了一下，突然明白自己刚才犯了多大的错误。是啊，100分有那么重要吗？会比孩子的自尊心更重要吗？别人家的孩子再好，那也是别人家的啊！

我抱起女儿，急忙安抚她："你是妈妈最爱的宝宝，妈妈永远都喜欢你、爱你，不会不要你……"

【正面解读】

"不能让孩子输在起跑线上",这句话已经成为众多家长的口头禅。

家长很喜欢把自己的孩子跟别人家的孩子做对比:"别人都能考100分,你为什么不能?""你学钢琴也有一年多了,为什么这次弹的很不理想,让小军拿了第一名。"

这些打击孩子自尊的话,无形中让孩子越来越自卑,离优秀越来越远。所以,当教育出了问题,家长不去思考解决问题的方法,而是一味地责怪孩子,反而会使孩子出现更多问题。

【温柔教养心得】

对于这种情况,首先应该改变的是父母:让孩子树立正确的人生观;认可孩子的情绪;引导孩子学会换位思考;不要把自己工作中的情绪带回家;适当调节孩子的学习压力。

其次,不要以爱的名义约束孩子。"因为我爱你,所以你必须听我的",这种话表面上看是在激励孩子,其实大部分孩子都很抵触这种束缚。

/ 第三章 /

小小的怀里，大大的爱

1. 带着玩具去旅行

在童年时期，孩子都会有各种玩具陪伴着。男孩子大多是机器人、汽车、水枪、木剑、遥控模型等，女孩子则偏爱粉红布娃娃、各种毛绒玩具、精美贴画等。

我家女儿尤其偏爱"冰雪奇缘"系列和"芭比娃娃"系列的玩具，只要带她逛街，她就能使出各种招数让我给她买喜欢的玩具。当然，我是不会轻易给她买玩具的，只有在她表现好的时候才会奖励她。她很爱惜自己的玩具，吃饭、睡觉甚至旅行时都会带着玩具一起去。

孩子爸爸因为工作需要，调到英国工作一段时间。幼儿园放寒假后，我就带着小龙女去她爸爸那里过春节。女儿是第一次出国旅行，出发前的晚上，我和女儿进行了简短的对话。

我问："要坐十几个小时的飞机，你怕不怕累？"

她说："不怕累。"

我说："坐飞机有点儿危险，你怕不怕？"

她说："不怕。"

第二天，天还没有亮，我就起床开始洗漱，本来想让女儿多睡会儿，但是她似乎比我还兴奋，看见我起床也立即爬起来。

"宝贝，你可以多睡一会儿，妈妈先去收拾东西。"

"不行，我要和妈妈一起，不然妈妈待会儿走了，就只剩我一个人在家，那我好可怜啊。"

"不会的，傻孩子，妈妈不会扔下你一个人的，再睡一会儿吧。"

"不行，我要跟妈妈一起收拾东西。"

"那好吧！"

于是，我给女儿穿好衣服、洗完脸、梳完头，就去检查昨天已经整理好的箱子，然后准备一些路上可以吃的零食。

等准备出发时，我发现女儿手里抱着一个布娃娃，那是她最喜欢的爱莎公主。

"我们要坐十几个小时的飞机，中间还要转两次飞机，我们的行李是能少带就少带，所以你最多只能带一个小书包，手上也不要抱东西。你现在是抱着布娃娃好玩，待会儿玩够了就会扔给妈妈，这样妈妈的负担就会很重，难道你不心疼妈妈吗？"

"我心疼妈妈，所以我确定这个娃娃自己拿，不要妈妈帮忙。"

"爸爸那边有更多漂亮的布娃娃，我们过去了可以再买，好吗？"

"不，我就想让爸爸看到我的这个布娃娃。"女儿一直有点儿犟。

"可是爸爸不喜欢布娃娃啊。"

"谁说爸爸不喜欢？我喜欢的，爸爸肯定也喜欢。"

"爸爸是大男孩子，怎么会喜欢布娃娃呢？"

"爸爸就是喜欢。"

我不想破坏爸爸在女儿心中的形象，不再跟女儿争辩了。

"妈妈，就算爸爸真的不喜欢我的布娃娃，我也要带布娃娃过去。因为我和爱莎是好朋友，我们都走了，爱莎一个人留在家里多可怜。武汉的冬天那么冷，我不能让我的好朋友一个人待在冷冰冰的家里，那样她会被冷落、伤心的。"原来，女儿执意带着她最爱的爱莎布娃娃旅行，是担心爱莎一个人在家里会孤单。

女儿有一颗如此善良的心，同情弱小，哪怕只是一个没有生命的布娃娃。我却误解为她在给我增加麻烦，极其不情愿地跟女儿讨价还价，差点儿就扼杀了孩子的善良之心。

此时，女儿背着小书包，手里抱着爱莎公主，一脸困意地对着我笑。在孩子眼里，那不只是一个玩偶，还是一个有生命的玩伴。如果我强行让孩子放下布娃娃，就是在强行让孩子放下她与爱莎的友谊，抹杀了她最本真的善良。

我很庆幸刚才自己没有做出冲动的决定。于是，我拖着行李箱，牵着可爱又有同情心的女儿，开始了一段异国之旅。

【正面解读】

玩具是没有生命的，但是在孩子纯洁的心灵里，它是有生命的，会哭会笑，会开心或者烦恼，有主人陪伴会觉得热闹，没有主人陪伴会觉得寂寞。

这充分说明，在孩子的世界里，她是充满同情心和爱心的，不会因为那只是一个在大人看来没有生命力的玩具而摒弃自己的真实内心。

【温柔教养心得】

玩具虽然是无生命的实体，但是也应该赋予它们假设的生命，给予它们关爱。作为家长，一是无论环境如何改变，都应该鼓励孩子做保持初心的人。二是给孩子进行生命教育，让孩子认识到生命的重要性，让孩子懂得人的生命只有一次，要学会珍惜。

2. 小兔子去哪里了

城里的孩子大多喜欢乡下的生活，因为在城里看不见乡下独特的风景，最多只是从电视中看过。所以，女儿喜欢一放寒暑假就去外婆家，那也是天性使然。

严格地说，外婆家也不是纯粹的乡下，它在西部山区的一座小县城里，外公是学建筑的，所以自家盖的小楼房很漂亮。楼房旁边是县政府办公楼，那里有一个偌大的广场，晚上尤其热闹，跳广场舞的大妈三五成群地聚集在这里。

想见到纯粹的农村景色，还得开一小时车到县城下面的乡镇去，那里真的可以用"小桥流水人家，古道西风瘦马，断肠人在天涯"来形容。

作为一名写作爱好者，呼吸那里的新鲜空气，去大自然走走，找找灵感，未尝不是一件惬意的事。所以，我也和女儿一样，一放寒暑假就想着跑回老家，释放半年的工作压力，放空自己。

又到了寒假，我按照原计划带着女儿回到老家。老家的几个小姐妹已经提前准备好礼物送给女儿，表妹的女儿瑶瑶竟然给女儿送来了她梦寐以求的小兔子。

女儿一直想在家里养个小宠物，但是因为我工作太忙，没有时间打理，于是坚决地拒绝了。因为这事，女儿还跟我生了很久的气，说妈妈小气，连个小动物都不舍得给她买。这回好了，终于在外婆家满足了她的小小心愿，她高兴得像小兔子一样蹦起来。

小兔子很可爱，浑身雪白，两只小小的耳朵，黑亮的眼珠，直直地瞪着女儿。因为怕小兔子乱跑，它被关在一个小笼子里。女儿看着小兔子，问我："妈妈，小兔子关在里面连手脚都不能动，它会很难受的，把它放出来吧？"

我还没有发表任何意见，瑶瑶就说："不能放，放出来它就跑了，你又没有它跑得快，抓不住它的。"女儿不再作声，估计是怕兔子跑了。

几个小姐妹一起趴在地板上逗小兔子开心，嘻嘻哈哈了半天。过了一会儿，女儿又说："妈妈，我看到小兔子的嘴一直在动，我觉得它是口渴了，你能给我倒点儿水吗？"

我给女儿倒了一杯水，女儿赶紧打开笼子的小门，把水杯拿到兔子嘴边。让女儿猜对了，小兔子真的是口渴了，它"咕咕咕"地喝起了水。两个姐姐又带着女儿去外公亲自栽种的菜园里采摘了很多新鲜的小草，拿来喂给小兔子。小兔子吃得津津有味，看得大家都忍不住笑了。

几个小姐妹聚在一起特别开心。此后的半个月里，她们悉心照顾着这只可爱的小兔子。我们都以为，这只小兔子就这样白白美美地长大，我还计划带回武汉养着。

除夕夜前夕，天气变得异常干冷。我们一大家人吃完年夜饭，便一边围在火炉旁烤火，一边看春节联欢晚会。女儿和姐姐一块儿玩游戏，突然，她幽幽地问我："妈妈，今天这么冷，小兔子会不会冻着啊？我想去给小兔子盖个小被子。"然后,她跑去外婆那里要了一些破旧的棉布料,说要给小兔子盖被子。

那天晚上很冷,而且突然下起了雪。我怕女儿出去冻病了,便制止她上楼去给小兔子盖被子,安慰她说:"小兔子身上有毛,放心吧,小动物在冬天都会御寒的,不会冻死的。"

女儿将信将疑:"可是,它的毛很短啊,又不是羽绒服,还是会挨冻的。"我继续安慰她:"不会的,它的毛比羽绒服还暖和呢,而且我们不是把它放在屋子里了吗?屋里那么暖和,它肯定不会挨冻。行了,很晚了,你赶紧去睡觉吧。"女儿相信了我的话,乖乖睡觉去了。

第二天一大早,父亲神色严肃地告诉我,小兔子被冻死了。

那时候女儿还在睡觉,我庆幸她没有听见这个消息,也为小兔子的死感到悲哀,更为自己的武断决定而自责——女儿一再害怕小兔子被冻到,要去给它盖被子,我却制止了她那颗单纯对小动物担忧的爱心。

女儿还在香甜的睡梦中,我不敢把这个消息告诉她,只是奇怪小兔子在屋子里怎么会被冻死。父亲告诉我,是因为小兔子溜出了笼子,跑到楼顶找草吃,最后没能回到屋子就被冻死了。

女儿醒来后,第一件事就是去看小兔子。拗不过她,我只能带她去楼顶找小兔子。现在已经找不到了,因为在这之前我已经嘱咐父亲处理好小兔子的尸体,免得女儿看见伤心。

女儿找不到兔子,失落了半天,我安慰她说肯定是兔子跑到别的地方吃草去了。女儿又跑去找外公,问小兔子去哪里了。父亲和我一样也对孩子撒了一个善意的谎言,至少,让孩子心里不用那么自责,因为在她心里,肯定会认为是自己没有给小兔子盖被子而冻死的。

【正面解读】

孩子大都喜欢小动物,对动物的喜欢程度也不一样。有的孩子会要求父母在家里养小动物,把小动物当作好朋友;有的孩子只是单纯地喜欢动物,却不一定会养。

其实,在养小动物的过程中,会激发孩子的爱心。

【温柔教养心得】

养小动物时,孩子会逐渐和动物培养出感情,这是人和动物最简单、朴实的交流。一旦孩子与动物建立了信任关系,家长就不要轻易地将孩子对动物的这种感情抹杀掉。所以,为了保留孩子心中的那一点儿纯真,善意的谎言也不是不可以说的。

家长还要教育孩子善待动物,因为动物是人类的朋友,人类应该与动物和谐相处。

3. 给小桌子揉揉疼

现在的独生子女不是一般的娇生惯养，但随着国家对二孩政策的放开，独生子女已经不再是娇纵的一代。只不过，就算家庭中有了二孩，家长对孩子依然放纵。这让很多孩子没有同情心，自我中心倾向严重。

我虽然从小不缺吃穿，但是对于小龙女的教育，并不认为只有富养才能养育出优秀的孩子。在家里，女儿若是跌倒了，我肯定是让她自己爬起来；如果女儿做错了事，也是毫不留情地批评一顿。

所以，我觉得小龙女从小似乎对我的批评就有了耐受力，即便遇见挫折也从来没有说过放弃。小龙女五岁以后，我给她报了不少培训班，如钢琴、舞蹈和画画。我问女儿累不累，她自信满满地说："妈妈，我不累，我能坚持。"这一点让我很是欣慰。

一个周末的下午，本来疼痛感很弱的小龙女不小心被餐桌角给撞了一下，疼得哇哇直哭。根据我的经验，如果她能哭，就说明她是真的被撞疼了。不过每次她哭，我都不会主动给她擦眼泪,也许有的父母说我心冷,但是我们小时候不就是这样过来的吗?换成自己的孩子,难道就非得哄着吗?我依然坚持自己的想法,没有主动给孩子抹眼泪。

小龙女觉得很委屈,哭得更加厉害:"妈妈,你是不是不爱我了?我都被桌子撞疼了,你都不来看看我。"

"宝贝,妈妈小时候也被小桌子撞过好多次,但我觉得不疼啊,都没有哭过呢。"

"那是以前的桌子没有这张桌子硬。"小龙女为自己找理由。

"不会啊,那时外婆家可没有这么漂亮的桌子让我撞。"

"这桌子哪里漂亮,丑死了,还把我撞疼了,我讨厌这张桌子,等一会儿让爸爸把这张桌子扔出去。"小龙女被我转移了部分注意力,哭得没有之前那么厉害,现在开始把身上的疼痛感转变为对桌子的讨伐战了。

"你觉得桌子把你撞疼了,但我觉得是你把桌子撞疼了,你说呢?"我引导小龙女往另一个方向思考问题。

"明明是桌子撞了我,怎么是我撞了桌子呢?"小龙女很正常地反问我。

"可是我刚刚听见小桌子也在哭啊。"我对小龙女撒了一个善意的谎言。

"小桌子哭了?妈妈,你的耳朵是不是出了问题?明明是我在哭啊!"女儿可不傻,她不会这么容易相信我的谎言。

"你已经没有哭了,我刚刚听见的就是小桌子在哭。它在问桌子妈妈,是哪个小朋友不注意把自己撞疼了,桌子妈妈快帮我揉揉。"我拿出编故事的本事,给小龙女编起童话故事来。

"啊?妈妈,你真的听见了?我怎么没有听见?这张桌子还有妈妈?怎么可能呢?桌子是没有生命的,也没有嘴巴,它怎么可能说话呢?妈妈,你真的是太搞笑了。"小龙女突然咯咯笑了起来。

我心里得意了一下,总算成功转移了女儿的全部注意力,就说道:"笑啥啊?世界上的每个个体都是有生命的,你觉得只有人类和动物才有生命吗?植物也有生命,桌子、椅子、凳子、玩具等都是有生命力的,只是它们生活在和我们不一样的空间,所以我们感受不到而已。"

"既然我们感受不到它们,你怎么还能听见桌子在哭呢?"

唉,养个精怪的女儿真是不好糊弄,她还会反过来找问题质问我,也是够考验我这个当妈的智商了。"我也是刚刚不经意间听到的,现在已经听不见小桌子哭了,但是我觉得小桌子肯定被你撞疼了。"我为自己编的童话又找了个拙劣的借口。

"我已经不疼了,那我去给小桌子揉揉疼吧。"还没有等我给小龙女提出建议,她就已经想到了事情的解决方法。

不错，这正是我辛苦引导想要的结果。

"宝贝真的是有爱心，桌子妈妈知道你给小桌子揉揉疼肯定很开心，还会表扬你呢。我也给小桌子揉揉，那样小桌子就会开心的笑了。"我趁势走过去，和女儿一起摸了摸小桌子的边角。

"好了，小桌子，我妈妈也来给你揉揉疼了，你不要哭了，也别伤心了。我下次一定注意不撞到你，好吗？那样我们都不会疼了。"小龙女开心地与小桌子说着悄悄话。

我看着女儿那一副爱心满满的样子，也开心地笑了。

【正面解读】

有爱心的孩子会更招人喜欢。所谓爱心，是指同情、怜悯之心，它是一种奉献精神，也是关怀、爱护人的思想感情。无论是对人还是对物，爱心都是人应该具备的最基本的优秀品质。

一个懂得爱自己的人，必然会爱别人。

【温柔教养心得】

第一，让孩子学会爱父母，如平日里给妈妈敲敲背、给爸爸倒杯水等。第二，让孩子学会爱老师。尊重老师的付出，虚心接受老师的批评。第三，让孩子学会爱同学。当同学有困难时，伸出爱心之手帮助他们。第四，可以在家中养一些动植物让孩子去照顾，也可以将一些无生命的事物看成有生物的事物，这样往往会培养孩子的爱心。

4. 给爸爸写信的孩子

都说血浓于水，这的确是真的。

小龙女五岁的时候，爸爸调去英国工作，要一年时间才能回来。这一年的时间说长不长，说短不短，对大人来说很容易，一眨眼就过去了。但对于孩子来说，一年是非常漫长的。虽然平时爸爸的工作非常忙，但每天总能见到一面，即使只是见到背影，那也叫见面。

可是现在，要是孩子几天见不到爸爸，她的心思很细腻，还是会有感觉的。

爸爸走的第三天，小龙女就问我："妈妈，爸爸去哪里了呀？"

我安慰她说，爸爸这次出差要很久才能回来。

也许孩子的脑袋里没有时间概念，她不知道一年的时间有多长。你如果跟她说一年有365天，她也不知道365天到底有多少，只是觉得好久没有见到爸爸，想爸爸了，就每天在手机上给爸爸语音留言。

有时候，小龙女会在写作业的时候突然流眼泪，说："妈妈，我想爸爸了。"在带孩子出去逛街、吃饭的时候，她也会问："爸爸怎么还不回来呢？"每天晚上见不到爸爸，她就会问我："妈妈，爸爸能不能早点儿出差回来，不要去那么久？"

后来有一次，小龙女跟爸爸视频，她才知道爸爸去了国外，而且要待很长时间，她的眼泪又流了出来。我只能努力地安慰她："没关系的，等放假，我们就可以去英国找爸爸了。"

因为孩子爸爸特别忙，大概有一个星期没有跟小龙女视频，也没有打电话。一天晚上，小龙女突然对我说："妈妈，我要给爸爸写一封信。"

我被女儿的想法惊讶到了，问："宝贝，你连字都不怎么会写，怎么给爸爸写信呢？"小龙女说："妈妈，我不是学过拼音吗？我用拼音写。"对呀，我突然发觉女儿特别机灵，也非常同意她的想法，于是我们就开始行动了。

小龙女找来一张白纸，开始写想对爸爸说的话，不会写的字就用拼音代替，不会的拼音，我也会教她。把信写完以后，她还画上了爸爸、妈妈和自己的三人画像，然后把信叠起来放进信封里，并在信封里夹了一张漂亮的贴贴纸。

小龙女看着信封，说："妈妈，我每天都要给爸爸写一封信，那样爸爸收到信就会想我的，也会给我买礼物。"

◎ /第三章/ 小小的怀里，大大的爱

在我的帮助下，小龙女终于完成给爸爸写的三封信，信的内容有的写"爸爸，我很想你，你快点儿回来吧"，有的写"爸爸，你出差为什么这么久呢"，有的写"爸爸，我都快六岁了，你怎么还不回来呀"。每个信封里，都放上了她最喜爱的贴贴纸。

最让我感到惊讶的是，小龙女还会把写好的三封信标上1、2、3的序号。可以看出，女儿是一个有思维、有头脑、有逻辑的孩子。

看着女儿给爸爸写的三封信，我的眼角有点儿湿润。孩子想爸爸是天经地义的，给爸爸写信就成了她对爸爸思念的重要寄托。这是血浓于水的亲情，是永远抹不掉的。

【正面解读】

从孩子给爸爸写信这件事情上，可以看出孩子的学习态度、思维能力以及写作能力。

首先，最好的学习状态应该是主动学习，而不是家长催着，那样的学习效率肯定不高。其次，写信的过程，也是锻炼孩子思维运用的过程，能间接提高孩子的思维能力。所以，当看见孩子主动提出给爸爸（妈妈）写信时，家长要积极鼓励。

【温柔教养心得】

如何培养孩子的写作能力？

首先要培养孩子的写作兴趣，让他爱上写作，把被动写作变成主动写作。其次，阅读是写作的基础，没有一定的阅读量写不出高质量的作文。再次，写作能力不是一蹴而就的，最基本的要素就是孩子愿意动笔。最后，无论孩子学什么都离不开家长的耐心陪伴，发现孩子的天赋并进行正确引导。

5. 小小的怀里，大大的爱

记得小龙女一岁半的时候，瘦瘦小小的，但是很活泼可爱、调皮好奇。

我自从当了妈妈，一切都围着孩子打转。半年产假一过，重新回到办公室上班的那天，同事们都调侃说我憔悴不堪，多了鱼尾纹，添了黑眼圈，不穿高跟鞋，不爱打扮，整个就是家庭主妇。

是的，曾经那个热爱文学、喜欢浪漫、富有诗意的文学女青年在她们眼里再也不复存在，我心里未免有点儿怅然所失。

在孩子的喂养和教育上面，很多家庭会因为价值观念不一致，让夫妻之间出现矛盾冲突。这是不可避免的，也是很寻常的事。

一天晚上，因为喂养孩子的事情，我和孩子爸爸发生了一些不愉快。

"孩子爸，宝宝好像胃口不好，不愿意吃饭，我再哄她吃两口，你帮我把奶瓶洗一下，好吗？"我一边给闹情绪的孩子喂饭，一边对孩子爸说。

孩子爸正坐在沙发上玩手机游戏，心不在焉地回答："孩子不吃饭是因为现在不饿，你现在喂牛奶，她也不会喝。"很明显，他没有主动起身洗奶瓶的意思。

"洗奶瓶和喝不喝牛奶不冲突，你去洗一下吧！"我心里有点儿不悦。足足等了几分钟，他还是没有洗奶瓶的意思，继续玩着手机游戏，嘴里时不时还激动地大叫几声。

"我每天要管孩子的吃喝拉撒，让你帮忙洗个奶瓶都不乐意。你这种态度，将来我还能指望你做什么？"孩子爸一副懒散的样子，把我内心早已汹涌澎湃的无名之火给点燃了。

"你不指望我，还能指望谁？都说男主外女主内，男人在外面挣钱，女人就该在家安心带孩子。"孩子爸大声嚷嚷，仍然慵懒地窝在沙发里打着游戏。

"你……"天生敏感、自尊心极强的我觉得十分委屈，眼眶逐渐湿润。

至此，一件鸡毛蒜皮的小事已经演变为不愉快的拌嘴。吵架中的夫妻多半不理性，也不会意识到不经意的言语已经伤害到了对方。

不承想，坐在一旁的女儿竟然被我们的争吵吓得哇哇大哭。我们这才意识到，家里不仅有我们两个人，还有女儿在眼前。我们只顾大人之间的一时嘴角之快，竟然忘记了孩子的存在。

我深深地感到自责，抱起女儿躲进房间，关上门。

我把女儿放在床上，挨着瘦瘦小小的她坐着。小龙女机灵乖巧，似乎懂得爸爸、妈妈之间有些不愉快，见我们没有再拌嘴，哭声也停了下来，嘴里直喊着："妈妈，抱抱！"然后，她伸开双手朝我怀里扑过来。

我一把接过女儿飞扑过来的双手，揽住她，希望她没有被我们刚才的吵架吓到。女儿睁着黑溜溜的眼睛，忽闪着又长又密的睫毛，天真稚嫩地望着我。突然，她用温柔的小手抚摸我的脸，嘴里轻轻地喊着："妈妈，我不哭了，会乖乖的！"

我惊呆了，女儿这么小，竟然懂得心疼妈妈、爱妈妈了！

我紧紧地拥住女儿，一股热流涌上心头，特别温暖。

都说女儿是妈妈的贴心小棉袄，果不其然！在这小小的怀里，竟有如此大大的爱！在女儿面前，我无比愧疚地低下头，把女儿拥得更紧了。

【正面解读】

相信很多妈妈经历过这种场景，家庭不是一个人的，它汇聚了拥有不同人生观和价值观的一家人。柴米油盐酱醋茶，那是婚姻里的烟火，任何夫妻都逃不过，是真实的生活写照。

俗话说"女儿天生就是妈妈的小棉袄"，虽然女儿性格柔弱，神经敏感，但更心细，所以更懂妈妈。

【温柔教养心得】

首先，家长要尽量避免在孩子面前吵架甚至动手，那会给孩子带来不愉快的经历，严重的还会给孩子留下童年的创伤。其次，生活中任何一种爱都是相互的，家长要在孩子赋予你纯洁美好的爱时，也要反馈给他更无私的爱。

6. 妈妈，我给你拿药来了

研究生毕业时，我选择留在学校工作，唯一能拿得出手的理由，恐怕就是两个令其他行业工作者羡慕的假期了。

一般来说，寒假将近一个月，暑假将近一个半月。我之所以选择有寒暑假的教师工作，有部分原因是因为孝心。我们家三个女儿，都是远嫁。如果大家选择去一些高薪的公司工作，一年最多就 20 天的年假。为了能多陪伴父母一些时间，我姐姐、姐夫选择了教师职业，我也选择了教师职业。所以，一到寒暑假，我就会带着女儿去外婆家避暑或是过年。

外婆家在湖北西部山区的一座边远小县城里，那里空气清新，亲戚家的孩子也非常多，女儿到了外婆家就像放飞的小鸟，和众多姐妹玩得别提多开心了。

又一年暑假，我们到了外婆家。中午很热，我便开了空调睡午觉。哪知忘记盖被子，不小心感冒了，脑袋头痛欲裂，但是想着自己的身体素质一直还可以，我就没有吃药，想凭借自身抵抗力扛过去。

哪知感冒越来越重，我在家里躺了一天也不见好。晚上，父亲赶紧给我买了感冒药，我吃完药出了一身汗，浑身一点儿劲儿都没有，仍然躺在床上休息。小龙女一早就跟着堂妹家的孩子出去玩了，我怕把感冒传染给她，让她和大姨家的姐姐一起睡觉。

第二天一大早，我还在迷迷糊糊的睡梦中，小龙女进到了房间里。我听见声响，便使劲儿地睁开眼，挣扎着坐起来。还好，吃药后比昨天已经好很多了。

"宝贝,你进来干什么?妈妈生病了,你快出去,不然会把感冒传染给你的。"我特意叮嘱道。

"妈妈,感冒是很重的病吗?"小龙女不解地问道。

"不是重病,但是不好好治也会变得很重,传给小孩子会很麻烦。"

"妈妈,我不怕传染。"小龙女天真地对我说。

"小傻妞,你是不怕,但我怕啊,我照顾你可会累死的。"我对女儿笑笑。

"那我来照顾你啊。"小龙女一副小大人的模样。

"你来照顾我?"我特别惊讶,而且觉得好笑。

"是啊。"

"好啦,你的好心妈妈知道了,赶紧下楼去吃早餐吧。妈妈不要你照顾,妈妈能照顾好自己。"

"妈妈,我真的能照顾你。我小时候感冒发烧了,你不是把毛巾打湿放在我的额头上降温吗?我也可以做,现在就去打湿毛巾给妈妈降温。"小龙女说完,便钻进洗手间找毛巾。毛巾挂在墙上,她个子不高还够不着,只听见"哐当"一声,不知什么东西掉下来了。

"哎呀,妈妈没有发烧,不需要打湿毛巾降温。妈妈谢谢你了,你就别给妈妈添乱了,赶紧下楼去吃早餐,听话啊。"我怕女儿再把洗手间的东西给打翻,就打发她下楼。

"可是幼儿园老师说了,在家里要帮爸爸、妈妈多做事。"小龙女不肯下楼,非要给我做点儿事才安心。

"好吧,你下楼把这包药交给大姨,让大姨冲好了再拿上来就行了。你好好吃饭,吃完饭和姐姐去玩吧。"我不想打击女儿的一片好心,于是递给她一包感冒冲剂。

小龙女这次终于拿着药下楼了。过了几分钟,门开了。我以为是孩子的大姨送药来了,赶紧坐了起来,哪知仔细一瞧,是女儿。

"妈妈,我给你送药来了。"小龙女用一次性水杯端着药,晃晃悠悠地朝着我的床边走过来。

"天啊,这一大杯子药,你不怕端洒了啊,大姨呢?"

"是大姨冲好了药,我自己要端上来的。妈妈,我很小心的,快喝吧。"小龙女小大人似的把药放在嘴边吹了吹。我接过药,一口喝了下去,心里面暖暖的。本来想拥抱一下女儿,但是怕把感冒传染给女儿,于是对女儿说了声"你真棒",便让她下楼去玩了。

【正面解读】

虽然这只是生活中一件很平常的小事,却是孩子孝心的表现。心理学上解释说,孝心是孩子综合素质和思想品德修养的反映,也从侧面表现出孩子所受的家庭教育。

生活环境对孩子的影响非常大。就是说,如果父母很有孝心,孩子也会很有孝心。如果孩子没有孝心,就可以看出他的家庭教育出了问题。

【温柔教养心得】

所谓"百善孝为先",孝是一个人最基本的品德修养。首先,父母要身体力行地为孩子做好榜样。其次,带孩子参加孝道文化活动,让孩子在活动中理解中国孝道文化的博大精深。最后,给孩子多讲一些孝道故事。

当然,家长对于孩子主动展现孝心的行为千万不要拒绝,而要给予鼓励。

/ 第四章 /

爱孩子，就要懂孩子

1. 学会"输得起"

小时候输不起的孩子，长大后也赢不了。我们无法永远保护孩子，能做的就是：在孩子还小的时候，教他怎样面对挫折、学会坚强、增加自信。

挫折教育，就是要培养孩子寻找幸福的能力，让他在磨炼中日益丰满羽翼，在将来竞争激烈的社会中飞得更高、更远。

记得小龙女小时候和小朋友玩石头、剪子、布游戏，只要她赢了就会继续玩下去，要是她输了就会吵着说"不算数"，阻止别人赢她。其他小朋友不高兴了，纷纷跑开，不愿再和她玩。

见大家都不理自己，小龙女跑到我身边，忍不住大哭说："他们都不跟我玩游戏了。"其实，刚才小龙女和小朋友吵架的那一幕，我都看在眼里，明知理亏又霸道的是自己的女儿，但看到孩子伤心难过的样子又很心疼，真不知道该怎么办了。

还有一个真实的例子。朋友小贾的女儿从小学一年级到三年级都十分优秀，无论是学习还是各类才艺上，可以说是琴棋书画样样精通，考试成绩也总是排在班级第一名，从来没有尝过失败的滋味，因此也增加了她骄傲的资本。

孩子上四年级时，小贾因为工作调动，把孩子也带到了那座一线城市，送进更好的学校读书。小贾本以为这是给孩子提供了一个锻炼的机会，孩子肯定会学得更好，但事与愿违，孩子在新学校的成绩只能算中上等，期中摸底考试只排在了第十名。

与以往的成绩对比，孩子的自信心受到了严重打击，学习状况越来越差，半学期后竟然滑落到了班级中下等水平。这让小贾始料未及，苦恼不已。

很显然，小贾的孩子以前在小城市的学校里太过优秀，换了更好的学校后学习跟不上，变成中下等生。这是因为孩子"输不起"，没有"输习惯"，更"不想输"，导致一时间接受不了现实，心理落差太大，慢慢地一蹶不振，就像突然跌入人生谷底。

其实，"输不起"是人的天性，何况是孩子呢？

对于小龙女和小贾的孩子，要让她们多接受挫折教育，她们就会认识到人生中总会有跌倒的时候，自己所要做的就是正确面对挫折，失败了再来，没有什么了不起的。

其实，让孩子学会"输得起"，比考试分数更重要。竞争固然很好，但公平最可贵，不要捡了芝麻丢了西瓜。

有家长认为这叫"要强",说明孩子有很强的上进心,将来一定会有出息,能在今后的学习和工作中保持很好的动力。但这类"输不起"的孩子,耐挫折能力太差,将来很可能经受不住风雨。如果因要强而变得患得患失,只想赢而无法接受输,甚至对别人的成功抱有深深的嫉妒和敌意,就真的成了"输不起"。

想赢,是成功者的特质;输不起,则是失败者的通病。这样输不起的孩子,未来也赢不了!

【正面解读】

输不起的孩子,脾气往往很差。一旦没有取得预期的成功,就会哭闹、撒泼,甚至心怀嫉妒;输不起的孩子,每次失败后都会陷入深深的自责,时间长了很容易产生自卑、抑郁等心理问题;输不起的孩子,人格、品行也会受到不良影响,价值观出现扭曲,会为了赢不择手段。

对此,家长要引起重视。

【温柔教养心得】

教育孩子,鼓励往往比其他方式更有效。当你常对孩子说正面鼓励的话,往往更容易让孩子朝着好的方向走。例如:别怕,你肯定能行;只要今天比昨天进步一点点就好;做得不错,希望你能保持这种好心态。

2. 威胁孩子真的奏效吗

生活中，孩子经常会让父母感到头疼，因为大多数父母经历过孩子不听话的时候。

你说东，他往西；你说南，他偏往北；你让他多吃点儿饭，他就像只小猫一样，一个小时只吃几口饭。

你让他出去骑车运动一下，他非要赖在家里看动画片；带他去郊游呼吸新鲜空气，他非要一边玩一边看手机；你让他在家好好练琴，他是弹一会儿就要喝口水，又要上个厕所；你让他好好写作业，他就像麻绳一样扭来扭去……

反正，孩子就是不会老老实实的，到处折腾你，让你觉得家里有个孩子是负担。不过，也算是个甜蜜的负担。

我家小龙女吃饭特别慢。一次，我从做好饭到吃完饭，再到收拾完桌子、碗筷和厨房，才发现她的一碗饭竟然还没有吃完，吃了接近一个小时。

本来工作就辛苦，回家还要买菜做饭，孩子还不好好吃饭，我的怒火马上就来了，不由分说走过去，冲着孩子吼道："你怎么一碗饭吃这么久？妈妈连厨房都收拾完了，你还在

第四章 爱孩子，就要懂孩子

吃？你真的是比蜗牛都慢，急死我了。"

小龙女倒是不慌不忙，只是瞪着眼睛看着我，也不狡辩。

"难道你不饿吗？"我有点儿疑惑。

"是啊，妈妈，我真的不饿。"

"下午回家后，你吃零食了吗？"

"没有。"

"没吃零食，怎么会不饿？"

"不饿就是不饿，妈妈，我想下楼和小朋友一起玩。"

"你连饭都不好好吃，还想出去玩？"

"我玩回来再吃也可以啊。"

"不行，那已经过了吃饭的时间，胃容易被饿坏。你现在什么也不要想，好好把饭吃完，不然今天晚上不要和我睡，自己一个人去睡书房。"

"我就要和你一起睡。"

"不好好吃饭，就不能和我一起睡。我现在帮你把饭热一下，10分钟必须吃完，不吃完晚上别跟我睡，我说到做到。"

"不睡就不睡，反正我一个人睡也不怕……"小龙女非但不听我的话，还非常挑衅地看了我一眼，然后哼了一声便走回自己的房间，关上了门。

小龙女的举动让我大吃一惊，因为我清楚女儿晚上没有我陪着睡觉肯定会害怕，平常我只要拿睡觉威胁她，她一定会就范。哪知她今天竟然公然反抗我，让我始料未及。

孩子爸在一旁笑话我智商还没有孩子高，竟然被孩子折腾得没辙。我心里不服气，计划没得逞的我尴尬之下只能自己找台阶下，对着女儿的房间喊："宝贝，你真的一个人睡不害怕吗？算了，妈妈今天原谅你，你不想吃饭就不吃了，饿了再吃，你先把门打开。"

谁料，女儿坚决不肯开门，躲在房间里不出来。

【正面解读】

心理学上有个名词叫"超限效应"，就是因刺激过多、过强或作用时间过久，从而引起内心极不耐烦或逆反的心理现象。

用"狠话"威胁固执的孩子，很多父母是轻车熟路。"狠话"一飙出，孩子立刻就有所收敛。但是这个"大招"有后遗症，使用越频繁，失效得也就越快——威胁次数多了，孩子就习以为常了。

【温柔教养心得】

家长如何对待倔强的孩子？首先，要冷静处理，必须断然拒绝孩子的无理要求。记得你的语气要温和，孩子一定能接受。其次，尊重孩子，是最理想的管教方式。孩子需要的是尊重、平等，你和孩子商量着来，他也会顺势而为，即实施顺势教育。

3. 不理睬爱耍赖的孩子

孩子爱耍赖，是生活里司空见惯的事情。我们小时候别说跟父母耍赖，就是父母的眼睛一瞪，早已吓得不敢说话了。如今的独生子女比较多，都是家里的宝贝，自我中心倾向比较严重，耍起赖来也是花样百出，令人又气又笑。

我喜欢逛街，小龙女毫无疑问遗传了我这个特点，每次跟我逛街，她小小年纪一点儿都不会觉得累。但我逛街是什么便宜就买什么，小龙女则不一样，她似乎是我的豪华版，什么贵就想买什么。当然，我不会像别的家长那样溺爱孩子，想买什么就买是不可能的。

于是，你可以想象，当孩子想要一个布娃娃、玩具，又或者是贴贴纸、冰淇淋时，我们又要坚持原则，不能让孩子养成想要什么就能得到什么的习惯，这时孩子就会在你面前耍赖。

对于爱耍赖的小龙女，我有自己的一套处理办法。

一次，小龙女学完舞蹈后，我们回家途中经过一家玩具店，她看着就不肯挪步了，眼睛对着一个玩具娃娃瞪得老大。

那是女儿最喜欢的芭比娃娃，我知道她的心思，就故意装作没看见，径直朝前走去。

小龙女看见我走了，急忙在后面喊："妈妈，你快过来。"

"我们得赶紧回家，别磨蹭了，时间已经不早了。"

"妈妈，就一会儿，快过来啊。"

"不行，我回家后还有工作要处理。"我知道女儿的心思，如果我回去了，肯定会被她缠着要去买那个芭比娃娃。

"妈妈，你就过来一下，那个芭比娃娃好漂亮，你能给我买吗？"小龙女央求我。

"不行。"我非常坚决地拒绝了。

"为什么不行？我就要那个芭比娃娃。"小龙女开始耍赖。

"家里的芭比娃娃已经堆得放不下了，你还要买？妈妈觉得，我们只买有需要的东西，不买不需要的东西。"我好言相劝。

"不嘛，这个芭比娃娃最漂亮，比家里的所有芭比娃娃都漂亮。"小龙女还是不肯走。

"你不走，那我走了，待会儿你找不到妈妈时可别哭。"说完，我转身就走了。

"妈妈，我喜欢这个芭比娃娃，你别走……"小龙女开始着急起来。

我依然没有回头。对于爱耍赖的孩子，我的一贯方法就是不理睬。

"你真的是个小气的妈妈！"小龙女开始在我背后生气地指责起来。

我很生气，但是不想在公共场合对女儿发脾气，依然不理睬她。小龙女的胆子也真的大，居然就那么执着地站在玩具店门口，不依不饶地跟我杠着。或许，她认为妈妈一会儿就会回来的。

但是小龙女万万没有想到，我会真的不回去找她，因为我想治一治她耍赖的坏习惯。当我走过一个拐角处，就偷偷地躲起来，看她站在那里的一举一动。

小龙女在玩具店门口足足站了五分钟。然后，她开始着急了，左右张望，脸上露出不安的神情。我决定再忍一分钟就过去"解救"她。

"妈妈，你在哪里？你不要我了吗？我不要芭比娃娃了，我要妈妈……"小龙女终于忍不住了，一副快要哭的模样。

我赶紧快步跑过去，一把抱住女儿。

"妈妈，我还以为你不要我了呢？我不要芭比娃娃了，我要妈妈带我回家。"小龙女在我的怀里伤心地哭出声来。

"真的不要芭比娃娃了？"我问道。

"不要芭比娃娃了，我要妈妈。"

"这才是我的乖宝宝。不是妈妈不给你买，而是我们不买不需要的东西，那样太浪费了。每个人都要讲道理，对于耍赖的小朋友，大家都不喜欢，知道吗？"我语重心长地对女儿说。

"知道了，以后我再也不耍赖了，那样妈妈就不会不要我了。"原来，小龙女是担心我不要她了。

"妈妈爱宝贝，不会不要你的。走，跟妈妈回家。"

我抱起女儿，看着脸上还挂着泪痕的她，虽然有些心疼，但还是觉得值得。

【正面解读】

耍赖，心理学上是指不承认自己的错误或责任。一般来说，孩子按正常方式提出要求不被满足，而且未被满足的欲望没有得到安抚和削减，他才会换成自己认为更有效的请求方法——耍赖。

家里有爱耍赖的孩子，说明你们在亲子沟通方面出现了问题。假如你能把孩子耍赖的问题解决好，你们的亲子关系问题就会迎刃而解。

【温柔教养心得】

对待孩子的耍赖，实际上是如何看待强硬对抗还是理解包容的问题。有人说不理孩子，其实这样做并不科学。

耍赖孩子的心理已受伤，觉得父母不重视自己。父母要做的不是装作看不见，而是真正看见他的诉求，哪怕不能完全满足，也要表示："我很想满足你，但我确实做不到，很抱歉。"所以，家长要拔掉孩子耍赖的根源，他的这种行为就不存在了。

4."作家"，就是做家务活儿的

女儿一直只知道妈妈是老师，不知道妈妈还是作家，所以她对作家这个词没有任何概念。

其实，我从没有觉得自己是个作家，只是纯粹地喜欢文字、喜欢写作而已。所谓的作家，只是一个称谓而已，我觉得自己的写作水平离作家还差得远。

关于作家这个词语的解释，小龙女闹出了不少笑话。当然，我觉得她也给出了最佳答案。

一天放学回家，小龙女兴冲冲地跑来问道："妈妈，你是做什么的啊？"

"妈妈是老师呀，你问这个问题干什么？"我有点儿好奇。

"这是我们老师今天布置的作业。"

"作业？"

"对，老师让我们问爸爸、妈妈的职业是什么。"

"那你知道职业是什么意思吗？"

"我知道，就是干什么工作的。老师说，医生、老师、工人、记者、邮递员、警察等都是职业。"

"不错，解释得很好，这些都是不同的职业。"

"那爸爸是老师，妈妈也是老师，对吗？以后我长大了也要当老师。"

"好啊，当老师可以学到更多的知识，对于女孩子来说也算是一个好职业。"

"就像现在幼儿园老师教我们一样，我长大后也可以教那些小宝宝吗？"

"是啊。"

"太好了，如果有的小朋友不听话，我就会批评他，要是调皮捣蛋，我就让他罚站。"

"你这是从哪里学来的？"

"老师不都是这样做的吗？还有，我每次犯错误，妈妈不是也让我站在墙边思过吗？"

"这样啊，可是妈妈觉得你应该有自己解决问题的方法，而不是照着老师或者妈妈的方法学。或许老师批评教育小朋友的方法不对，妈妈让你站在墙边思过也是不对的，所以你不用非要学着大人去做。"父母就是孩子的影子，看来以后得注意自己的言行举止了。

/第四章/ 爱孩子，就要懂孩子

"可我觉得妈妈做的事是对的，小孩子犯了错误就应该受到惩罚。"小龙女说得我一时竟然语塞。

"小朋友犯了错是应该批评教育，但是不一定要罚站。我每次让你罚站，是因为你太让妈妈生气了，一般情况下，妈妈可舍不得让你罚站，因为你是妈妈最爱的宝贝啊！"

"那我以后不惹妈妈生很大的气，最多让妈妈生一点儿小气，可以吗？"小龙女十分天真地问我。

"为什么要生一点儿小气呢？难道不可以不生气吗？"我笑道。

"可是我很喜欢玩、很调皮啊，调皮的孩子不就是喜欢惹妈妈生气吗？"

"调皮的孩子才聪明呢。好了，我觉得你长大后不一定非要当老师，也可以做其他工作，你觉得呢？"我看女儿钻进死胡同里出不来，赶紧转移话题。

"那也行，我还喜欢当医生，那样可以给病人治病。"小龙女回答得还挺快。

"当医生挺好，是白衣天使，可是治病救人必须要先学会许多知识，不然就没有能力去做。当医生会很辛苦，你能吃得了那个苦吗？"我试探性地问女儿。

"什么叫吃苦？就是吃很苦的东西吗？"女儿的童趣妙语，一时让我无言以对。

"吃苦，当然不是吃苦东西，算了，现在讲你也不懂。

那你觉得当作家好不好，像妈妈这样？"我又一次转移女儿的话题。

"刚才妈妈说是老师，怎么又是作家了？作家，是不是就是做家务活儿的？"

"你的想象力也太丰富了，我真的是服了。妈妈是老师，也是作家，就是说妈妈既可以当老师，也可以当作家。作家就是专门写字的。"我被孩子逗得哈哈大笑。

"写字的就是作家？那我学会写字了，也是作家吗？"

"好了，作家就算是做家务活儿的，反正现在妈妈除了上班，好像干得最多的就是家务活儿。你赶快写作业吧，妈妈要去做饭了。"我让小龙女去做作业，这场母女之间的笑话才戛然而止。

我一边在厨房炒菜，一边想："现在孩子的想象力真的是太丰富、太有趣了，作家就是做家务活儿的，也亏她能想得出来。好吧，妈妈就是做家务活儿的，妈妈做什么都可以。"

我心里一边美美地自我陶醉，一边继续炒菜。当看到女儿吃饭时笑呵呵的脸，无论我是做什么的，那一刻都很满足。

【正面解读】

想象力是人在已有形象的基础上，加入感性材料，在头脑中把表象的东西重新加工创造出新形象的能力。比如，当你说春天，我会在脑海里闪现出百花齐放的景象；当你说星星，我会想起各种星座及浩瀚无垠的宇宙。

因为有想象力，我们才能发明与创造，发现新的事物定理。所以，提高孩子的想象力非常有必要。

【温柔教养心得】

要想提高孩子的想象力，家长应带孩子多观察，积极思考，获得感性经验，打开想象的大门；还要带孩子积极参加各种科技、文艺活动，为发展良好的想象力创设条件。

具体来说，尝试让孩子闭着眼睛听故事，肯定会与睁着眼睛听故事有不同的感觉；经常和孩子一起做想象力拓展游戏；在阅读中培养孩子的想象力，让孩子成为续编或改编故事的能手。

5. 阿姨，我找不到妈妈了

孩子的安全问题，一直是家长关心又头疼的问题。看过电影《亲爱的》和《失孤》的人都知道，父母失去孩子，那将是一种多么撕心裂肺的痛。所以，对于安全教育问题，无论是在孩子求学的哪个阶段，一直都是老师和家长常谈的话题。

让孩子有一个安全的生活环境和教育环境,是所有父母和老师的义务与责任。

家长平时带孩子逛商场时,会经常听到寻人广播,一部分就是寻找走失的孩子的。我就遭遇了一次孩子走丢事件。那一刻,我才体会到如果不幸失去至亲会是一种什么样的感觉。

一个周末,我带着女儿看完电影开始下楼,孩子在前面走着,我在后面跟着,跟平时一样。就在我们走到一楼的舞台表演区时,热闹的舞台音乐和舞蹈表演瞬间吸引了女儿,她没跟我打招呼便朝舞台中央跑去,我赶紧追过去,以防孩子走丢。

有时候,你怕什么就会来什么。

由于那天看表演的人特别多,周围被挤得水泄不通。女儿个子小,钻到人群里的速度比我快,我本来是想把她拉出来,人太多怕挤到,但就是那么一眨眼的工夫,她就脱离了我的视线。

我开始着急起来,大声喊着女儿的名字,可是舞台的音乐太过嘈杂,我的声音被湮没在人群里。怎么办呢?情急之下,我想到了服务台,平时听惯了广播里的寻人启事,没想到今天自己也会用到。

我快速跑到舞台后面的服务台,赶紧找工作人员帮我广播寻人启事。工作人员正在帮其他人办理业务，对我爱理不理，我只好又重复了一遍，工作人员则不紧不慢地说："舞台的声音太大，即使广播了也听不见。"然后，继续工作，不给我想个解决办法。

我一下子就火冒三丈，生平第一次在公众场合发飙，大吼道："你们这些人怎么这么冷漠？广播听不见，不能想想其他办法吗？是因为丢的不是你们的孩子吗？"周围几个办理业务的人都在看热闹，没有一个人站出来帮忙想办法。

也许这就是现实吧，事不关己，别人凭什么为你的情绪买单？我的声音已经有点儿哽咽，脑袋里想着若是找不到女儿，以后怎么办……就在我的眼泪马上喷涌而出时，一个稚嫩的声音在耳边响起，我转身一看，竟然是女儿。

女儿跟在一个阿姨身边，眼里淌着泪，看见我径直扑进怀里。"妈妈，你去哪里了？我找不到你了，以为妈妈不要我了。"

"你怎么一眨眼就不见了？以后不准跑那么快，知道吗？商场里面人多，你个子又小，很容易看不见的。"我稍微平息了一下情绪，有点儿喜极而泣的感觉。

"知道了妈妈，我以后再也不乱跑了。"

"你的女儿很聪明，她找不到你了，就过来找我说跟妈妈走丢了。"此时，站在女儿身边的阿姨说话了。

"妈妈，是这个阿姨带我来找你的。"女儿给我解释着。

"真是太谢谢你了！"我一个劲儿地说谢谢。

"不客气，是你女儿聪明，没有乱跑，知道找人求助，这肯定是你平时教过她安全教育，一般的孩子找不到妈妈估计就站在那里哭鼻子了。"阿姨称赞着小龙女。

"我的教育还是不到位，怎么说都非常感谢你。"

"孩子找到妈妈就好，我也放心了，不用那么客气，我要回去工作了。"阿姨说完就走了。那个背影很瘦、很单薄，却格外美丽。

我抱着女儿安抚她的情绪，又带着她吃了冰淇淋，然后准备回家。走到优衣库的门店时，女儿突然开口说："妈妈，刚才带我找到你的阿姨就在这里。"

哦，原来那个好心的阿姨是优衣库的店员。现在，我不想打扰她的工作，以后逛街买衣服的时候再去照顾她的生意吧。

这件事过后，我果断给女儿买了一块电话手表，更加注重她的安全教育，不再让她离开我的视线。

【正面解读】

所谓安全教育，就是一种保障孩子生命的基本教育，包括家庭安全教育、学校安全教育、社会安全教育三类，贯穿了孩子学习和生活的全过程。

【温柔教养心得】

家长该怎么对孩子进行安全教育呢？一是在生活中时刻提醒孩子要学会保护自己，不要随便相信陌生人。二是带孩子看一些拐卖儿童题材的电影，让孩子更加直观地认识到遇到坏人的严重后果。三是带孩子参加一些志愿者活动，把安全教育传递给更多的人。这些都是进行安全教育的有效手段。

6. 白云为什么不能涂成蓝色

我发现大多数女孩子喜欢画画，小龙女也不例外。

很多教育专家也一直呼吁，对于孩子的艺术类培养在精不在多。我也一直坚持这个原则，害怕女儿学多受不了半途而废，浪费精力又浪费钱。

但是我发现，我的担心有点儿多余。小龙女对于画画、音乐、舞蹈之类的启蒙教育一点儿都不排斥，反而觉得它们是很好玩儿的事情，态度比我还积极。后来我才明白，现在的孩子大多是独生子女，很少有长时间待在一起的玩伴，而兴趣班里有很多可以一起玩耍的小朋友，估计女儿喜欢这些启蒙教育的原因就在于此。

我小时候也喜欢画画，得过不少奖状。后来，我读师范学校，美术老师还夸我有绘画天赋，建议我以后读美术专业学校。但在那个年代，父母把画画、跳舞、唱歌什么的都视为"不正经、没前途"的事情，只有不愿意读书的人才会学那些"旁门左道"。所以，我的美术之梦便被父母直接扼杀在摇篮里。

没想到，小龙女也许是遗传了我的某些基因，画画学得很不错。

说小龙女画得还不错，倒不是她有多高的绘画水平，而是我觉得，她有不错的创新思维能力——发挥想象力去画画，是检验孩子思维能力丰富性的标准。有些画，我都不知道要怎么画，女儿却能想象出并且画出来，虽然很抽象，却能准确地用不同的笔触表达出一定的意思，这确实让我惊讶又欣喜。

一次，女儿吃完晚饭在房间里画画，我在书房工作。过了半小时，她拿着一幅画跑来问道："妈妈，你看我画得漂亮吗？"

"哇，宝贝画得真漂亮！"每次女儿这样问我，我肯定是一如既往地这样回答。现在不是提倡鼓励教育吗？我作为一名老师，当然懂得鼓励孩子的重要性。

"妈妈，为什么你每次都说我画得漂亮？"

"是因为你画得真的很漂亮啊！"

"那每次都是一样的漂亮，就不能有更漂亮吗？"

"啊？"我突然被女儿的问话噎到了。是啊，有时候大人可能只是夸赞孩子应付差事，没想到孩子会有更多的想法和需求。

"哦，对了，刚才妈妈工作有点儿累了，其实宝贝今天画得比平时更漂亮呢。"我没有直接看画，只是顺着女儿的意思继续夸赞。

"今天的画真的更漂亮吗？你骗人，妈妈看都没看我画的画呢。"

看来现在的孩子真是个个聪明，不容易糊弄了事。于是，我笑着对孩子说"对不起"，然后拿起孩子手中的画，开始认真看了起来。

"咦？这白云怎么是蓝色的？"我发现了女儿的画中存在的问题。

"白云每次都是白色的，我不喜欢白色的云了，开始喜欢蓝色的云，和蓝天一样的颜色，多漂亮。"女儿嘟着嘴说道。

"白云明明是白色的，你不涂色也行，怎么能涂成蓝色的呢？这是最基本的涂色常识，你怎么都搞错了？"我由赞美变成质疑。

"为什么白云不能涂成蓝色的？"女儿很固执地坚持自己的想法。

"没有为什么，白云自古以来就是白色的，不是蓝色的。你看，大家没有把白云叫蓝云，就是这个道理。"我给女儿解释道。

"妈妈说得不对，夏天的时候，我还看见过红色的云。"

"红色的云？哪里会有红色的云？"

"就在外婆家啊！"

"哦，我知道了。你说的那是晚霞，红色的晚霞不是云。"我笑了起来。

"那就是云。有红色的云，就有蓝色的云，我就要把白云涂成蓝色，我喜欢蓝色。你们大人一点儿都不讲道理，你不是说我喜欢怎么画就怎么画吗？妈妈说话不算话。"

"不是妈妈说话不算话，我是让你想怎么画就怎么画，但是不能瞎画啊。"

"我没有瞎画，你看蓝色的白云多漂亮呀！"

"你这孩子，怎么如此喜欢钻牛角尖呢？画画也得尊重事实呀。"我心里这样想着，但是看着女儿天真的眼神，不想再打击她幼小的心灵，于是话到嘴边又咽了下去。

"为什么白云不能涂成蓝色，这个问题妈妈没有办法回答你，妈妈建议你明天上课时问问老师，好吗？"

最终，我只好把这个问题留给了孩子的美术老师。孩子也同意了我的建议，拿着她的新作回到房间继续创作去了，倒是留下我在书房思考："为什么白云不能涂成蓝色呢？"

【正面解读】

为什么白云不能涂成蓝色？为什么白云就一定是白色的，不能有蓝云的吗？

确实，遇到这种问题，很多家长是直接否定孩子的想法。但是教育专家不是一直鼓励孩子要创新吗？如果非要对孩子说白云只能涂白色的，那就是对孩子的创作限定了条条框框，限制了他的想象力。

一幅画而已，孩子固然会钻牛角尖，但家长不必纠结，何不放手让孩子发挥想象力呢？

【温柔教养心得】

家长应该多鼓励孩子自主创新，发挥想象力。例如，喜欢刨根问底的孩子，极有可能成为记者；喜欢搭积木的孩子，可能具有设计才能；喜欢讲故事、写故事的孩子，很可能成为作家；特别喜欢跟人讲话的孩子，可能成为律师或电视主播。

所以，让孩子在生活中自由发挥天性，说不定会给家长带来更多的惊喜。

下 篇　关于教育

篇首语

生活，是为了幸福的意义而存在。

教育，

则成为生活里断不了的那些回忆、那些牵绊，

甚至如同海啸一般铺天盖地，无所遁形。

什么是教育？

《大学》："大学之道，在明明德，在亲民，在止于至善。"

鲁迅："教育是要立人。"

陶行知："教育是依据生活、为了生活的'生活教育'，培养有行动能力、思考能力和创造力的人。"

爱因斯坦："什么是教育？当你把受过的教育都忘记了，剩下的就是教育。"

蒙台梭利："教育就是激发生命，充实生命，协助孩子们用自己的力量生存下去，并帮助他们发展这种精神。"

种种释义，各有千秋，都从某一角度通向真理之门。

儿童教育主要是理解、指导和解放，教育就是要启发孩子去思考，是我们需要倾尽一生去研究的课题。

/ 第五章 /

生活教育，小生活里的大智慧

1. 药比饭好吃

"妈妈,这饭太难吃了,我不想吃了。"

"不吃饭说明你有厌食症,得去看医生,看医生就得吃药。"

"我喜欢吃药,不喜欢吃饭,药比饭好吃。"

当女儿豪言壮志地在我面前说这些话的时候,我都被她气得无语了。

相信很多父母为孩子吃饭而烦恼过,我更是为此苦恼不已。可以说,女儿的性格活泼讨人喜欢,睡眠也好,在家拿着玩具就能自己玩上大半天,不需要家长操心甚至花时间守在旁边陪她玩。唯独她吃饭这个问题,从小就是我们家的一个难题。

当我和女儿同学的妈妈聊天时,知道她的儿子可以一顿吃上一大碗炒饭外加一个鸡腿和一根火腿肠时,我觉得女儿的饭量简直就像蚂蚁搬粮差不多。再看看两个孩子都是一样大的年纪,人家儿子因为能吃饭,个子已经长到123厘米,女儿才113厘米。这10厘米的差距,着实让我着急了好久。

◎ /第五章/ 生活教育，小生活里的大智慧

怎么让她的胃口增大，喜欢上吃饭，成了我的一大心病。

我清晰地记得女儿小时候吃饭磨人的日子。那时候，她仿佛天生胃口小，不爱吃饭，三岁前一直让人喂饭。有时强迫她吃，她的逆反情绪就加重，更不愿意吃。后果是，讲道理她不听，苦肉计也不怎么管用，十顿饭有八顿被挨训，我气火攻心时还会吼她。

我用尽各种办法，花了不少钱请专家诊治，找亲戚打听偏方，没有一点儿效果，非常令人气馁。最后，我干脆早点儿送她进幼儿园，管她吃不吃饭，眼不见为净。

世界上任何一个妈妈都是心疼孩子的，只是有些妈妈可能因为条件限制或者其他原因，没有履行好母亲的责任。我作为一个十分称职的妈妈，为了让孩子喜欢上吃饭也是费尽心思，也不断反思，决定换种思路解决孩子吃饭的问题。没想到，居然有效。

记得那一次让孩子吃早饭，我先端正态度，带着笑脸，语气温和，然后代入一些孩子喜欢的童话语言。例如吃鸡蛋时，我会说："哎呀，这个鸡蛋说好喜欢你啊，希望你能把它吃到肚子里带到幼儿园，它说想跟幼儿园的小朋友一起玩，因为它一个人在家很孤单。"于是，孩子就大口大口把鸡蛋吃了，神奇吧。看到不费多大劲儿竟能让孩子主动吃饭，我终于明白自己以前的方法都是错误的。

很多时候，孩子出现问题并不一定都是他的错，更多的

是大人的处理方式存在问题。大人没有找到适合孩子的方法,还怪孩子不听话,对孩子大吼大叫,伤害到孩子的幼小心灵。这难道不是大人的错吗?大人不该向孩子道歉,表示内疚吗?

"宝贝,你今天吃饭真棒!以前是妈妈不对,以为你喜欢跟妈妈对着干。妈妈错了,向你道歉,你能原谅妈妈吗?"

女儿笑着对我点头,嘴里还含着一口饭。

"那你还喜欢吃药吗?"

女儿连连摇头。

看着女儿大口大口地吃饭,我心里甚是欣慰,幸好这个问题被自己发现得及时,亡羊补牢,为时不晚。

【正面解读】

从科学角度来说,挑食或厌食是生理和心理综合因素影响的产物,是不良的摄食习惯,会影响孩子的生长发育。

孩子挑食的原因,或者是受父母饮食偏好的影响;或者孩子有不愉快的进食经历,导致他吃饭时有心理压力;又或者因为父母过于迁就和纵容孩子,孩子不想吃的时候就不吃;再可能是因为孩子缺乏微量元素,日常饮食比较单调。只有找到孩子挑食的原因,才能对症下药。

【温柔教养心得】

如何让孩子爱上吃饭不挑食呢？

首先，父母要注意烹调方法，注意食材的颜色搭配和形状的多样化，给孩子提供多样性、多口感、分量适当的健康食物。其次，让孩子多运动。很多孩子运动后消耗了大量体力，产生饥饿感，吃起饭来自然香喷喷的，也就不会挑食了。

2. 不和细菌做朋友

现在的孩子基本上三天两头就生病，着实让很多家长头疼。

我记得自己小时候基本上很少生病，即使感冒发烧，吃点儿退烧药，母亲拿床厚被子捂上一晚，出一身热汗，第二天醒来准没儿事。

都说病从口入，可那时候我们都是在泥巴地里长大的，手没洗就直接上桌吃饭是常有的事，苹果、梨子皮都不削就直接往嘴里塞，可也没见几个孩子因此生病。因此，老人将此总结为："不干不净，吃了没病。"

不洗手就吃东西当然是不卫生的，只能说当年的环境污染少，细菌病毒也少，人们即使用脏手吃东西也不一定会生病。现在则不一样了，只要稍微没有及时添衣，孩子就会因为天气变化而感冒——幼儿园里只要有一个小朋友感冒发烧，估计就能传染给好多孩子。

反正，孩子六岁前生病是常事，不生病的极少，从来不生病的倒是罕见了。

小龙女也不例外，尤其三岁前生病真的是非常磨人。我从她厚厚的病例本里统计了一下，她一岁前基本上两三个月要去一次医院，不是发烧就是拉肚子；一岁后也是至少半年会去一次医院，平常再时有发作的鼻炎、湿疹、厌食症等，一有事就得去医院，真是烦不胜烦。

最严重的一次，我记得是她三岁半的时候因为感冒发烧得了肺炎，足足在市儿童医院待了半个月才把肺炎治好。孩子的病虽然治好了，但留下了病根，自那以后，只要有点儿感冒就容易复发。

女儿住院是我印象中最深刻的记忆。一次，女儿本来是普通感冒，在家吃了三天药不见好，因为大人要上班，为了图方便就去了附近的省妇幼小型门诊。打了三天消炎针，依然没有效果，孩子咳嗽得更加厉害。心慌的孩子爸爸直接把孩子带到市儿童医院，专家看后说，孩子从普通的感冒转成支气管炎，又从支气管炎转变成肺炎，需要住院治疗。

/第五章/ 生活教育，小生活里的大智慧

看着瘦弱的女儿，我特别心疼。本来孩子就瘦，一生病因为不想吃喝，就更瘦了。

出院那天，女儿还不想离开医院，说："妈妈，我就住在医院里吧，医院里有那么多小朋友，我可以和她们一起玩。还有好多叔叔阿姨来看我，带来好多好吃的，还给我买玩具，我不想回家。"

女儿的话让我一惊。"傻孩子，医院有什么好玩的，到处都是细菌。我们在医院里住得越久，细菌就越多，病就越不容易好。现在你好不容易好了，就不能再住了，我们得赶紧回家，把身体养得棒棒的再也不生病，再也不要见到细菌，不跟细菌做朋友，好吗？"我笑着安慰女儿。

"妈妈，你说医院里到处都是细菌，可我的病就是在医院治好的，那些细菌和我就是好朋友呀。"女儿理直气壮地反驳道。

我转念一想，也对，我这话说得有点儿矛盾，不能自圆其说。这小丫头的心思还挺缜密，我心里突然有点儿佩服起这个孩子了，至少比我小时候聪明。

"宝贝，妈妈的意思是，医院里有很多细菌，你在医院待了十几天，这些天你跟细菌是好朋友。但是医生却能对付细菌，所以医生把你的病治好了，你跟细菌就不是好朋友了，我们以后也不要跟细菌做朋友。"我力图证明自己的理论是对的，但怎么都觉得有点儿驳论的感觉。

117

"可细菌与我待了十几天,它就是我的好朋友,你为什么不让我跟它做朋友呢……"女儿又开始发问。

"我……"我一时被女儿的话噎住了。

"好吧,我们就跟好的细菌做朋友,不与坏的细菌做朋友,因为它会让你生病,这样可以吗?"我有点儿无计可施。

"好的,我不跟坏的细菌做朋友!"女儿终于妥协了。

我这才发现,一人退一步,事情就有解决的可能,谁都不退步,事情终将是个死结。给孩子讲道理也是一样,大人和孩子如果都认死理,谁都不能说服谁,只能导致亲子关系出现问题。

【正面解读】

从心理学来讲,孩子认死理其实是应变能力差的表现,这是他在维持自身规则感的过程中出现了问题。

当然,"一根筋"也有积极的一面,意味着孩子做事坚持而执着,不会使心眼儿,相对单纯。只有面对这些,我们才能够和孩子在同一视角上看问题,靠近他的内心,理解他的感受,从而建立与他交流和沟通的基础。

【温柔教养心得】

既然"一根筋"既有消极的影响又有积极的作用,家长要在以下三个方面做好工作。一是科学认识"一根筋"的优点和缺点，正确处理孩子的情绪问题。二是平时带孩子多锻炼身体，增强孩子的抵抗力。三是教孩子学会多角度思考问题。

俗话说"退一步海阔天空"，做什么事情都不能认死理，这样无论是学习还是以后走上社会都能尽量避免走弯路，不然很容易吃亏。

3. 神奇的跳蚤市场

当妈妈的一般都喜欢逛街，喜欢去跳蚤市场淘一些小宝贝。但是，今天我说的跳蚤市场不是我们平时逛街的跳蚤市场，而是幼儿园组织的一次家长活动日，非常有意义。

孩子上幼儿园大班的时候，幼儿园组织了一次跳蚤市场活动。这次活动属于义卖，老师说所有卖出去的钱都会捐给敬老院的孤寡老人。幼儿园老师通知以家庭为单位，每3~5个家庭组成一个义卖小组，自己分工布置摊位、备好货品、标上价格，前期的准备工作都由家长在家里完成。

我因为工作繁忙，直到跳蚤市场活动的前一个晚上，才急匆匆地给孩子做了一块宣传板，上面写着"清仓大处理"

字样。因为女儿还不会写字，宣传板上的字是我写的，图画是她独立完成的。

到了跳蚤市场"开业"的那一天，早上9点钟，大家聚集在图书馆门前的一块大空地上，随着一声锣响，跳蚤市场义卖活动开始啦！

当我带着给孩子准备的宣传板和要售卖的娃娃、玩具、书籍以及摆地摊要用的小板凳和垫子来到图书馆门前时，一下子惊呆了。这哪里只是一个小小的跳蚤市场，完全就像真正的跳蚤市场——家长们各显神通，地摊样式五花八门，宣传板也做得特别出彩。我估计有的小朋友家长是做生意的，他们在商品上标了价格标签，还写了打几折。

看看其他家长做的宣传板和展台，还有带来的货品和做得细致的小标签，我突然觉得自己有些惭愧。虽然说自己做的宣传板也不错，但毕竟是临时赶工出来的，售卖的货品以及其他材料都是昨天晚上临时准备的，不像其他家长那么用心。

但是无论怎样，孩子很开心。在孩子眼里，她看见的不只是跳蚤市场的形式、各种各样的宣传板和展台，还有她和同学们一起如何扮演好小商人角色的亲身经历。

小龙女的性格活泼大方，她和小伙伴们坐在一起，在那里大声吆喝："快来买东西啦，这些物品物美价廉，千万不要错过！"她们吆喝得非常起劲，引来不少人驻足观看。我

◎ /第五章/ 生活教育，小生活里的大智慧

也用手机给她拍了不少比较珍贵的纪念照片。

可是，女儿几个人吆喝了好一会儿也没有人买。我告诉她，可以带点儿物品到其他同学的展台走着售卖，这样卖出的机会更多。于是，她拿着自己喜欢的玩具和洋娃娃，到了其他同学的展台。

过了一会儿，小龙女回来了，我看见她手上不仅没有卖到钱，还拿了一个布绒娃娃回来。她看见我便着急地说："妈妈，快给我钱，我买了玩具回来啦！"

我被小龙女逗得扑哧一笑："你现在是在卖物品，怎么还买物品回来了呢？"

"可是这个布绒娃娃我喜欢呀！"

"嗯，可以，你既然买了自己喜欢的布绒娃娃，也应该卖出去一点儿物品，要不然我们待会儿就没有钱来买其他物品了。"

女儿拿着钱去付账时，我给她塞了几个男孩子玩的小玩具，让她去同学的展台售卖。过了一会儿，她还真的卖掉了两个玩具，拿了 8 元钱回来。我表扬了她，然后鼓励她继续以这种方式售卖其他小玩具。不一会儿，她又卖了一本书。就这样，加上我替她卖出去的，我们一共卖掉 9 样物品，合计 33 元。当然，她也买回来好几种物品。

大概 11 点钟，活动圆满结束，每个孩子都大包小包地提着自己买的物品，兴高采烈地跟家长回家去了。我也帮小龙

女提着她买的物品，看着孩子笑嘻嘻的脸庞，觉得今天的经历对她来说非常特别——她不仅学会了吆喝售卖物品，也学会了如何讨价还价去购买物品，更学会了如何拿自己的物品与其他小朋友交换。这样的经历对她来说非常有意义，这是用任何金钱都换不回来的。

很多事情不在于它的结果，而在于过程。学习过程对于任何孩子都非常重要，相信这会对她的一生都有益处。这场丰富多彩的义卖活动让孩子们得到成长，妈妈也希望女儿能在以后学到更多实用的本领，丰富自己的人生经历。

【正面解读】

学校组织的跳蚤市场属于情景模拟活动。义卖活动中，孩子的人际交往能力、动手能力、创造能力都能得到加强。模仿"商人"的角色时，需要孩子不断地挑战自己，充分发挥自己的各种能力。在这个过程中，孩子获得了快乐和满足感。

【温柔教养心得】

这种情景模拟活动对孩子的成长与发展非常有益，家长可以带孩子多参加类似的活动。例如，欢乐谷的"麦鲁小镇""星期天小镇"都是情景模拟游乐场所，孩子可以在此体验医生、教师、消防员、模特、播音员、邮递员、主持人、售货员等不同的职业角色，有意识地认识到自己将来长大后的职业兴趣所在，懂得每个职业的艰辛和不易。

4. 坐不住的"蛇宝宝"

相信很多家长有亲身感触，就是带孩子外出吃饭或游玩娱乐的时候，孩子经常会坐不住，不是这里蹦一会儿，就是那里跳一下，不是左边瞧几眼，就是右边瞄几下，反正就是不会规规矩矩地坐着。

小龙女就属于这种好动的典型。我经常会问她："宝贝，你是属蛇的吗？"她直接给我来一句："妈妈，我是属龙的啊，你不是叫我小龙女么，你的记性怎么越来越差了？"这让我直接无语。

一个夏天的傍晚，孩子爸爸出差回来，给孩子带来不少小礼物。我们陪着孩子玩了一会儿，正好赶上晚饭时间，于是决定一家人去外面吃。我们小区门口有一家烤虾店，里面有各种小吃，比较符合我的胃口。小龙女也遗传了爸爸的特质，对海鲜一类的食物比较感兴趣。

到了烤虾店，发现店里的生意十分火爆。女儿十分兴奋，因为爸爸给她买了玩具，还因为店里有不少和她同龄的小朋友随父母在吃饭。

我们点完菜，过了好一会儿也没有上菜，小龙女便坐不住了，先是找服务员阿姨要了纸和笔，在桌子上胡乱画了半天，还把画的画编成故事讲给我听。此时，孩子爸爸喝着啤酒自顾自地玩着手机，小龙女就嚷嚷着饿了要吃虾子，我又催了下服务员，无奈人家的生意实在太好，只能再等等。

这种等待，对于本来就坐不住的孩子来说的确是一种煎熬。差不多又10分钟过去了，大人都开始心生烦躁，更何况孩子。于是，小龙女一猫腰钻到桌子底下，又突然从桌子底下钻出来爬到沙发椅子上，在椅子上一会儿面朝下趴着，一会儿又仰面躺着，一会儿还展示下舞蹈劈个腿。

孩子爸爸看见直皱眉头，对我瞟了一眼，示意我管好喜欢乱动的孩子。我见小龙女过于调皮，便小声喝止她。她哪里听我的，依旧我行我素。

这时候，服务员看见孩子在沙发椅子上爬上爬下，为了孩子的安全，立马喊道："小朋友，快坐好，不要爬上爬下，小心摔倒。"看人家是为了孩子好，我立即报以微笑，并对女儿喊道："宝贝，快下来，别再乱动了。"

小龙女消停了一会儿，但是马上又坐不住了。我对女儿使眼色，示意她坐好，但是她始终坐不住，扭过去扭过来的。

"宝贝，你是蛇宝宝吗？女孩子在外面吃饭要坐有坐相，养成基本的就餐礼仪、好的行为习惯，不要像条蛇一样扭来扭去的。"

"我才不是蛇宝宝呢。"

"不是蛇宝宝，你干吗喜欢乱动呢？"

"我不怕蛇，蛇来了我就打它。"女儿一副胆子很大的样子。

"行了，别扯其他的，赶紧吃饭吧，以后出来吃饭就要规规矩矩地坐好，不要到处乱动，那样会让人觉得很没有礼貌。"这时候，服务员终于上菜了，孩子爸爸立即打住我们的话题。女儿也许是饿极了，开始好好吃饭，没有再当"蛇宝宝"。

【正面解读】

孩子好动，这是孩子天性的一种表现，没有好坏之分。不同气质的人将来会有不同的职业发展，正如有的人天生好动，长大成了运动员；有的人天生好静，长大后成了作家。从科学的角度来说，调皮乱动的宝宝要比相对安静的宝宝聪明，小脑袋反应特别快。这也是好动宝宝的优点。

【温柔教养心得】

对于好动宝宝，家长首先要培养孩子的注意力，做到专注。其次，让孩子玩到筋疲力尽，让他将过剩的精力充分宣泄出来。再次，培养孩子好的行为习惯，形成合理、规范的日常生活规律。最后，告诉孩子，好动过头可能会引起一些严重后果。

5. 丢失的1000元压岁钱

压岁钱，是每个小朋友都很喜欢的礼物。倒不是因为小孩子喜欢钱，而是因为他们喜欢过年的气氛，喜欢长辈给压岁钱时红包拿在手里的惊喜。

又到了春节，外公直接用微信红包给小龙女转了1000元的压岁钱。女儿欣喜地拿着我的手机准备砸到地下，并大声嚷嚷："妈妈，我要把压岁钱从你的手机里面取出来。"

"我的天，你要砸了手机，那就真的取不出来了。"我被女儿脑洞大开的行为吓了一跳。

"你不是说外公把钱转到你的手机里面了吗？不砸手机，怎么拿出来呢？"女儿此时显得很呆萌。

"小傻瓜，钱是放在手机里的，但是直接取不出来，要把手机里的钱转到银行卡里面，再去银行就可以取出来了。"我简单地给女儿解释取钱的步骤。

◎ /第五章/ 生活教育，小生活里的大智慧

"那你赶紧去银行取出来，这是外公给我的压岁钱，我要把它放在红包里。"拗不过女儿，第二天中午，我就去银行取了1000元现金，然后包了一个大红包给她，嘱咐她一定要保管好，下次我们出去逛街时就可以用压岁钱买自己喜欢的玩具和布娃娃了。

"好的，妈妈，你相信我，我一定能将压岁钱保管好的。"我看着女儿把压岁钱放在她的课桌抽屉里，然后才放心地干其他事去。

过了一周，家里的燃气快没有了，正好我的钱包里也没有多少现金，就想先借女儿的压岁钱交燃气费。于是，我去女儿的课桌抽屉里找红包，但是找了半天也没有找到。我问女儿压岁钱去哪里了。她还自信满满地说帮我去拿，哪知自己找了半天也没有找出来。

"你不是放在书桌抽屉里了吗？"

"是啊，怎么不见了呢？"

"肯定是什么时候你又拿出来放到别的地方了。"

"不会啊，我没有放到别的地方去，就放在课桌抽屉里的，怎么就找不到了呢？"女儿也着急了。

"我不管，今天你必须把这1000元找出来。你做错的事情，就得自己解决。"我知道女儿有丢三落四的习惯，这已经不是她第一次发生的事情了。

我知道，肯定是什么时候女儿把钱拿出来又藏到了其他

地方，然后自己不记得了。平时一块橡皮、一个作业本、一本书、一个玩具什么的，不值多少钱也就罢了，现在是1000元钱。于是，我下定决心，今天一定要好好惩治女儿的这个毛病，找不到不准睡觉。

在我的喝令下，女儿开始了寻找工作，但是足足找了半小时，书房、卧室、儿童房、客房、客厅都留下了她的足迹，还是没有找到。

我开始有点儿忍不住发怒，倒不是因为找不到这1000元钱，我知道它肯定是藏在家里的某个地方，而是因为女儿丢三落四的毛病让我很是心烦意乱。

"妈妈，你帮我一起找一找吧，我都找遍了也没有找到。"女儿开始向我求救。

"不行，今天必须你自己找，找到了才能睡觉。这是你做的错事，自己要承担后果。"我的态度依然很坚决。

"妈妈一点儿都没有同情心，我找不到还让我找，你不心疼我吗？"女儿开始对我提出抗议，但是看我不理她，又继续去找了。

又过了一会儿，已经到了晚上9点，压岁钱还是没有找到。我看见她开始打哈欠，还带着哭腔求我："妈妈，我好困想睡觉，能不能明天再找？"

"不行，妈妈要求你今天必须找到，找不到就不准睡觉。"我坚决地拒绝了女儿的请求。

女儿开始哭鼻子，一副委屈至极的模样。

"那这样，妈妈陪你一起找好吗？如果我们今天找不到，宝宝不能睡，妈妈也不能睡。"我怕事情做过了，想降低一下女儿解决问题的难度。

不到 5 分钟，我陪女儿在主卧的一个抽屉里找到了那 1000 元钱，女儿这才破涕为笑。我知道，不是女儿自己找不到，而是她没有细心去找。

"妈妈，钱终于找到了，我可以去睡觉了吗？"女儿又接连打了几个哈欠。

"当然可以，妈妈觉得你经常丢三落四，这是个非常不好的习惯，希望你记住今天这个教训，改掉这个坏习惯。如果以后还是丢三落四，后果就得自己承担了，知道吗？"我语重心长地对孩子说。

"嗯，妈妈，我记住了，以后我一定把东西放好，不然搞丢就不能睡觉了。"女儿已经困得不行。既然今天的问题已经解决，我便让孩子睡觉去了。

直到这时，我都不敢保证孩子下次是否还会丢三落四，但觉得这次的教训必定让她印象深刻，至少会时刻提醒她整理和收纳的重要性。如此这样，教育目的达到了，我也可以安安心心睡觉了。

【正面解读】

所谓断舍离，就是做事情要有章法，不能因为是在自己家里就可以到处乱丢东西。这看上去只是生活中的小问题，事实上却会让孩子形成做事马虎、缺乏条理性的心态，给他的生活、学习甚至工作带来麻烦。

所以，没有断舍离概念的父母教不出有同样能力的孩子，从小培养孩子的整理收纳观念很重要。

【温柔教养心得】

怎样使孩子养成整理收纳的习惯呢？首先，给孩子配备几个收纳盒，固定放孩子的物品。其次，家长要做出表率。最后，从小培养孩子的分工合作精神，要求孩子把课本、玩具等分类摆放，培养孩子用完就收拾的习惯。

有时候，孩子因乱塞、乱丢找不到自己的东西，父母先不要帮孩子寻找，"惩罚"孩子感受不按次序摆放物品的后果，然后再帮助孩子解决问题。

6. 父母偷点儿"懒"，能成就小大人

女儿今年四岁半，正是可爱调皮的时候。她长得乖巧伶俐，讨人喜欢，有时候嘴里不经意说出来的话，能让你笑掉大牙。为了培养她，我也跟千千万万的父母一样花尽心思，只为儿女的未来一片光明。

我不是一个喜爱偷懒之人，相反是特别勤快、有点儿洁癖的那类人。可我发现，并非妈妈越勤快越好，有时候会物极必反——妈妈很勤快，包揽了全部事情，那孩子还能学会什么呢？所以，父母要偶尔偷点儿"懒"，可能会成就一个小大人，想想也挺有趣的。

记得女儿两岁多的时候，一直是在澡盆里盆浴。到了夏天，我嫌盆浴太麻烦，觉得淋浴既简单又方便还节省时间，于是让女儿和我一起淋浴。

一开始，女儿极不习惯站着洗澡，说喜欢在澡盆里冲泡泡。于是，我就告诉女儿："宝贝，你知道妈妈为什么长这么高吗？"她疑惑地看着我。"因为妈妈每天都站着洗澡，站着洗澡就会长得高。"女儿听了恍然大悟，极其兴奋地说：

"妈妈,以后我都要站着洗澡,要长得像妈妈那么高。"

我赶紧趁热打铁,告诉女儿怎么往身上搓泡泡,还告诉女儿怎么闭着眼睛给头发打泡泡,然后低头冲干净。

这样操作一周后,女儿基本上不用我帮忙就能独立站着淋浴了。之后,我把热水器调成恒温,就站在浴室门口盯着她自己洗澡。再之后,女儿竟然主动对我说:"妈妈,你把门关上,我自己已经会洗头洗澡了,不要看我哦,羞羞羞!"

我为了安全起见,每次给浴室铺好防滑垫,把门按照她的要求关好,却悄悄地站在门外看着她洗。从那以后,女儿洗澡再也不用我陪了。

女儿还有个不好的习惯,就是上楼梯自己不动腿,喜欢让人抱。我们家住在三楼,每次从幼儿园回家走到楼梯口,她就会自然而然地说:"妈妈,你抱我上楼吧!"

我决心改掉孩子这个不好的习惯,就对她说:"宝贝,今天妈妈肚子疼,不能抱你上楼梯,你自己走,可以吗?"女儿望着我,一脸委屈:"可是我没力气啊!"我顺势推舟:"那肯定是因为你在幼儿园不好好吃饭,所以才没有力气,记得以后要好好吃饭。哎呀,现在妈妈的肚子疼得走不动了,怎么办呢?"

女儿见我似乎很疼的样子,赶紧过来牵着我,说:"妈妈肚子疼,那我不要你抱了。"我立刻表扬道:"乖女儿,真的心疼妈妈,那妈妈以后上楼梯都牵着你走,可以吗?"

/ 第五章 / 生活教育，小生活里的大智慧

女儿连忙点头："可以的！"从那以后，女儿就自己上楼，再也不要我抱了。哈哈，又给我省了一个力气活儿。

之后的很多事情，我都沿用这个"偷懒"的方法，既锻炼了女儿的自理能力，又为我节省了时间和精力，一举两得。我还告诉孩子："现在你长大了，应该学会自己的事情自己做。"

于是，小龙女三岁半时就已经学会自己穿衣服、袜子、鞋子，刷牙洗脸，洗头洗澡，玩玩具、看动画片时也不要妈妈陪，会拿画笔在书上涂上她最喜欢的天蓝色，在我拖地的时候帮我扫垃圾。看着她干完活后跑到我面前邀功的小模样，我都会忍俊不禁。

这不是一个活脱脱的小大人吗？相比周围那些被老人娇宠过度，七八岁了还得要人帮着洗头洗澡的孩子，女儿俨然是个自理能力超强的小大人。女儿之所以能成为小大人，正是因为我时不时地故意偷点儿"懒"。我觉得，这个"懒"偷得特别值，大家觉得呢？

【正面解读】

这个小故事属于典型的"懒妈妈大智慧"。不可否认，勤劳的妈妈每天都将孩子的生活安排得井井有条，更甚者有些孩子上了大学都不会自己洗衣服。最关键的是，这些孩子还心安理得。

娇惯养育，对于孩子的成长百害而无一益。家长要懂得用科学的方法去养育孩子，不要一味地娇惯孩子。

【温柔教养心得】

要想孩子自立，方法很简单，那就是懂得适时放手。所谓"懒妈妈大智慧"，是说要大胆地放开手，让孩子学会自己成长，学会穿衣、洗脸等基本生存技能，还要帮父母适当地做一些力所能及的家务活儿等，而不是走上社会被人嘲笑为"妈宝男"，成为人人口中的"巨婴"。那样，这种人即使成为学霸，也只能是生活中的低能儿。

/ 第六章 /

学习教育，修得一支生花笔

1. 神奇的日历

一次在电商平台上购物，我突然发现一款神奇的日历。

这款日历没有一年365天的日期，而是分为24张单独的日历纸，纸上按照周一到周日分为7天，每天又按照不同的生活习惯和学习习惯划分7个方块。

仔细一看，原来是商家的爆款商品，叫作"儿童自律神器"，也就是儿童生活学习自律表。这么好的东西，对于纠正孩子不良的生活习惯和学习习惯，合理安排时间简直就是助推神器，关键是价格亲民。于是，我毫不犹豫地买了下来。

第三天，收到了这款日历。我顺手翻看了一下，质量不错，款式精美。等孩子从幼儿园放学回来，我便想给她一个惊喜。

"宝贝，快点儿弹琴，弹完了妈妈有礼物送给你。"

"什么礼物？"

"现在保密，待会儿你就知道了。"

"妈妈先给我看一下嘛。"女儿十分好奇。

◎ /第六章/ 学习教育，修得一支生花笔

"不行，必须先弹完钢琴。"

"那好吧！"女儿一副无奈的表情。正因为她的好奇，倒是提高了她的学习效率。平时一小时才能练完的钢琴，今天破天荒的半小时就完成了。

我马上兑现了承诺，拿出这本"神奇的日历"送给女儿。女儿十分开心，拿到手里一副爱不释手的模样。

"哇，妈妈，这本日历好特别、好漂亮啊，怎么有点儿像表姐的课程表？还有好多贴贴纸，这些贴贴纸是要贴进这本日历里面的吗？"女儿一边翻看着日历，一边好奇地问。

"是啊，这是妈妈送给你的特别礼物，是专门记录宝贝学习、生活习惯的日历。你看，这本日历共有24张，代表这个学期的24周，每周一张表格，每张表格上有7天，每天都有7个标签小任务供你选择，如'刷牙洗脸''孝敬父母''按时睡觉''喜欢阅读''诚实守信''讲文明''懂礼貌''不玩游戏''喜欢运动''好好吃饭''按时学习''热爱劳动'等标签，你可以选择7个标签小任务贴上去，每天晚上睡觉前看看这一天你都完成了哪些小任务，完成的任务下面就贴上一个小星星贴纸。如果连续一周贴满了小星星贴纸，妈妈就会奖励你一个小礼物。"

"这么神奇？"

"当然。你马上就是小学生了，必须学会管理时间、安排时间、自己安排任务、自我评价。"

"妈妈，什么是管理时间呢？"孩子一头雾水。

"管理时间就是合理利用时间，不要浪费时间，因为时间很宝贵，过去了就回不来了。"

"妈妈，为什么时间过去就回不来了？"我突然发现，给不到六岁的女儿讲这些道理似乎太早了一些，有些事情必须要她亲自经历才能明白。

"等你长大了就会知道这些的。"

"谢谢妈妈送给我这么好的礼物。"

"宝贝，妈妈送给你的礼物要珍惜，每天要好好表现哦，等晚上妈妈下班回家就会查看你一天的表现，然后和你一起来贴星星贴纸，好吗？"

"好的，妈妈放心，我一定好好表现，每天都能贴上小星星，就可以得到妈妈送的礼物了。"

"嗯，宝贝，加油！"

看着女儿高兴的样子，我真心觉得这本好用又实惠的日历买得太值了。后面的日子里，孩子也确实因为这本"神奇的日历"，在各方面的表现都有明显进步。比如，做作业不再像之前那么拖拉，吃饭也比之前吃得多些，睡觉前会自觉地看完书就睡觉。如果她在幼儿园做错事或者撒谎了，回到家也会主动向我承认错误。为了集满小星星，她还会主动给我揉肩膀、做家务活儿。

总之，有了这本"神奇的日历"，女儿学会了自己安排时间、布置任务，然后在规定的时间内完成任务，提高了学习和生活效率。

后来，我把这本日历推荐给其他宝妈，大家也都说很好用。一直到现在，这本"神奇的日历"还发挥它的神奇功能，帮助孩子形成良好的学习、生活习惯。

【正面解读】

很明显，从"神奇的日历"中可以看出，时间管理对于学习和生活习惯形成的重要性。

时间管理，是指通过事先规划和运用一定的技巧、方法与工具，实现对时间的灵活以及有效运用，从而实现个人或组织既定目标的过程。所以，在学习和生活中时刻强调时间管理，就能潜移默化地影响孩子对于时间的自我驾驭能力。

【温柔教养心得】

怎么教孩子学会时间管理呢？

首先，教孩子有计划地使用时间，争当时间的小主人，按照实际情况列出学习计划。其次，细分学习目标，根据优先程度划分先后顺序。最后，要有规律的生活和学习作息时间。

2. 家庭作业总动员

上了一天班回到家，人已经累得不行。一踏进家门，最想做的就是什么事都不干、什么事都不想，伸开双手，懒洋洋地躺在床上，睡到明天早上自然醒。

然而，在单位上完班，回到家还得继续"上班"，而且可能比在单位上班更累，根本没有休息的时间，更别奢望能一觉睡到自然醒。不只是我，我相信大多数家长遭遇过这样的情况。

这天，我回到家后，一家人吃完晚饭，女儿便对我说："妈妈，今天老师布置了一个作业，是要做一本成长手册，老师说明天早上必须交到学校。"

"明天？这么急，一个晚上怎么能做得出来？"我有点儿诧异。

"是的，老师说的明天必须交。"

"成长手册？有什么要求吗？"

"妈妈，你怎么不看老师发的消息呢？老师说在家长微信群里都发有消息呢。"女儿再次强调了一遍。

◎ / 第六章 / 学习教育，修得一支生花笔

"啊，妈妈忙糊涂了。"

我急忙打开手机，找到班级群，看老师发的作业要求：1. 成长手册必须手工设计；2. 手册里至少需要10张孩子的成长照片；3. 手册要统一装订，打印封皮和封底，封皮写明孩子的姓名与班级，封底写出对孩子的寄语；4. 最晚明天下午放学前交到学校。

看了四个要求后，我稍微松了一口气，至少不是女儿说的明天早上就要交，不用我熬夜给孩子制作这份特殊的家庭作业了。

我再仔细一琢磨，一个人无法完成这份特殊的家庭作业，还得分工合作。首先，我得选照片，选好后发给打印社加急打印出来。这事就交给孩子爸爸了。其次，我得亲自设计相册的版面和规格，在每一页相册纸上配上文字。最后，统一装订还得再跑一趟打印社。也就是说，这份作业不仅费钱，还得来回折腾两趟打印社，估计明天我得请假提前下班交作业。

这份家庭作业，涉及电脑、打印机、办公软件、中文输入法、绘画、各种规格的纸张、照片打印、装订等多种设备和程序，分明是专业秘书该干的活儿，现在却成为幼儿园的课外作业。女儿一副没事人一样，说道："妈妈，记得把我的成长手册做得漂亮一点儿哦！"末了，她还特意叮嘱："最好妈妈把我的成长手册做成班上最漂亮的，那我就能拿第一

名了。"

看到这里,你能说孩子没有创造力吗?当然有。本来作业是孩子自己的事,是锻炼孩子独立完成事情的表现,但似乎孩子的创造力已经被家长的帮助而活活扼杀了。

这样的事例举不胜举。幼儿园作业还算好的,没有太大难度,只是要花些时间去完成。有的小学布置的课外作业,真的是要出动全家老少,弄得比古代的科举考试还要热闹。

最后,在我和孩子爸爸的齐力配合下,我们最终按时交了作业,并且如孩子的预期,在班级比赛中拿了设计奖第一名。女儿拿着奖状乐开了花,我却心想:谁苦谁知道。

【正面解读】

这种情景,很多家长遭遇过。形成这种现象有以下原因:一是在当下教育环境下,教育竞争越来越大,孩子的作业难度也变相增大。二是孩子没有办法独立完成"庞大"的作业量,于是心疼孩子的家长便坐不住了,亲自上场动手。三是家长的虚荣和攀比心理,都希望自己的孩子成为第一,于是家庭作业总动员就名正言顺地上演了。

【温柔教养心得】

面对这种情况,我给大家提些建议:第一,可以咨询老师,这样的作业是不是必须当天完成?第二,在时间允许的情况下，鼓励孩子独立完成作业。尽管这样会花费更长的时间，但是至少能开拓孩子的思维。第三，在孩子独立完成作业时遇到了困难，家长要及时给予帮助和支持，给孩子加油打气。

3. 培养孩子自主学习的小细节

大多数家长觉得让孩子学习是一件很难的事情，为此苦恼不已。其实，学习也可以变得很轻松，只是看你是否找对了方法。爱学习、效率高的孩子大多是自主学习，他们学习起来很轻松、很开心，并不觉得累，就是因为他们找对了学习方法。

我不是一个特别会教孩子的人，虽然自己也是老师，但是教女儿比教别人的孩子有难度。不过，我也会在教女儿的过程中逐渐挖掘出一些方法，以便让她学得更加轻松愉快，提高她的学习效率。

女儿六岁时，我已经教会她 50 以内的数学加减法。有个问题是，她虽然会做，但是做得很慢，就算最终得了 100 分，代价是花了整整半小时。我突然想到，如果这是真正的考试，孩子还没做完一半题目就已经打下课铃了。

这样可不行，得马上提高孩子的学习效率。于是，我开始有意识地规定女儿做数学题的时间，每次练习时只给10分钟，10分钟内做不完题目就算不及格。

一开始，女儿不太适应我的这种训练方式，总是有抵触情绪，做不了几道题目就说不做了，或者我一提醒她时间快到了，她就慌乱起来，开始找理由，弄得事倍功半。但是我没有放弃，把这件事情坚持了下来。

随着时间的推移，每次女儿做题目少用一分钟，我就会表扬她一次，给她鼓励和支持。渐渐地，女儿竟然不排斥了，越来越喜欢做数学题。一次，女儿做完所有题目只花了6分钟，让我惊讶不已，我马上抱起她转了几圈。

女儿的自信心倍增，从此便爱上了做数学作业。

从最开始的24道数学题要花半小时，到最后只需要6分钟，其中的过程虽然是折腾人的，但结果却是好的。女儿从排斥到喜欢，其实很简单，就在于一个坚持。还有就是找对学习方法，让女儿的学习变得很轻松，而不是让她看见做题就害怕或者排斥。

如何把学习变成一件轻松的事，在我的育儿经验中还有一个例子要跟大家分享一下。

女儿上小学前，没有刻意去上那种整套的幼小衔接班，但是单独给她报了拼音班。因为我在家里教她拼音的效率不高，于是索性让她到培训班去学，我把这段没有效率的时间空出来写作，这样两全其美。

但是，我发现孩子上完四节拼音课后，基本上把知识又还给了老师，没有什么效率。老师则宽慰我说："这是一个慢慢学习的过程，不能一蹴而就。"我也是当老师的人，哪里会不懂这个道理？我冥思苦想后找到了问题的症结，那就是孩子学完以后没有及时温习，导致她学得快，也忘得快。

但是，孩子一般都是不喜欢复习的。如何让女儿爱上复习，觉得复习是一件轻松的事情呢？在一次女儿给爸爸写信的时候，我终于找到了答案。

孩子爸爸因工作需要公差一段时间。一天，女儿说："妈妈，我想给爸爸写信，我想爸爸了。"

"可是你还不会写字呢，怎么给爸爸写信呢？"

"我会写拼音啊！"

"哦，妈妈差点儿忘记了，宝贝可以用拼音写信。"

于是，女儿像煞有介事地拿出一沓彩色纸来，开始用拼音给爸爸写信，一口气竟然写了10封信。我一检查，还真的一个拼音都没错，不但表达了对爸爸的想念，还复习了拼音，真是一举两得的好办法。

我竖起大拇指，给了女儿一个大大的赞。女儿也十分开心，每天晚上都会给爸爸写信，我就鼓励她也可以给所有长辈写信。于是，她越写越带劲，在写信的过程中成功完成了

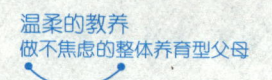

对学前拼音的复习。

从那以后，学习在女儿眼里就变成一件十分快乐、轻松的事情，而不是以前我逼着她要完成的学习任务，这也让我在教育孩子的路上更加得心应手。所谓"柳暗花明又一村"，或许就是这个道理。

【正面解读】

很多家长怕孩子玩耍耽误了学习。马云说过："让孩子学会玩，不然30年后他们找不到工作。玩中学，学中玩。知识可以学，但智慧不能学，只能体验……"

这段话让很多家长恍然大悟。时代不一样了，虽然孩子们能考入大学，但不能保证他们将来能找到工作。

【温柔教养心得】

作为家长，给孩子报几十堂美学课，不如让孩子在大自然中行走一天；花几万元带孩子去国外开阔眼界，不如让孩子看清楚家里的一日三餐是怎么来的；给孩子买各种玩具教孩子认颜色、形状，不如教孩子区分各种瓜果、蔬菜的颜色、形态。

所以，孩子的成长是社会化的一个过程，他们理应在生活中玩耍和学习，学会在玩中学和学中玩，寓教于乐中掌握知识。

4. "吼"出来的 100 分

很多父母有这样的感触，孩子越大越难管，特别是孩子上学之后，自我意识越来越强，家长和孩子每日的拉锯战就开始上演了。

前几天，一些朋友聚在一起，闲话没聊两句，话题很自然地就转向教育孩子上。大家正七嘴八舌地谈论着，一旁的老刘突然插话："真羡慕你们，家里的孩子都听话，我家那小子拿我说的话当耳旁风，说急了就跟我顶嘴，有时候真是把我气得半死，我觉得他才是爹。"

其实，这样的例子在生活中屡见不鲜。就说说我家的小龙女，早上上学眼看快迟到了，你不停地催，她却是不肯起床，真是皇上不急太监急；你让她自己做作业，半个小时过后一个字都没写；你要她多吃青菜和水果，她不听，总是偷偷吃油炸零食；你明明说的是为她好，即使说了 100 遍，她就是不听，气得你想揍人。

于是，大声吼，便成了家长发泄心中愤怒的工具。孩子不听话时，家长便忍不住摆出大人的权威，加以强制、命令、恐吓，期望达到自己的目的。

有位妈妈就是这样教育孩子的。她下班后回到家,经常看到孩子边吃晚饭边看电视,手里还把玩着不少玩具,奶奶则端着饭碗跟在孩子身后。于是,妈妈放下背包,说:"宝贝,刚才妈妈在楼下碰到警察叔叔了,他告诉妈妈,正在找不认真吃饭的小宝宝,要把不乖的宝宝抓到警察局里去。你怕不怕警察叔叔?再不听话,就把你送到警察局关起来!"

晚饭后,妈妈看到孩子玩得太兴奋了,在小区广场里跑来跑去出了不少汗。妈妈又说道:"宝贝快过来,穿上衣服,不然被医生阿姨看到了,就抓你到医院打针!"

生活中,家长经常会借用"警察""医生"等特殊职业人物的权威,"威胁"孩子吃饭、睡觉。也许一时有效,可长久之后,孩子不仅会对这些职业产生恐惧,而且会产生不安全感。

还有一位家长告诉我,她就是靠"吼"来让儿子听话,还说她的"吼"很奏效,最后儿子在期末测试时考了100分。她欣喜若狂,以为自己找到了教育儿子的好方法。事实证明,她的做法是错的,儿子只是维持了三次测试得了100分,然后不管她再怎么用撒手锏去"吼"孩子,都无济于事。

其实,玩是儿童的天性。很多孩子一放假就会完全忘记学习,整天疯玩。这时,大多数家长的对策是吼骂式教育,甚至武力威胁禁止孩子玩乐。

家长有没有思考过,孩子为什么只喜欢玩而不喜欢学习？那是因为孩子觉得玩很快乐，学习太过枯燥。要改变孩子的这种观点，就得让他觉得学习也是一种乐趣。

要知道，在学习中靠吼是完全没有用的，能一时吼出来个100分，不可能永远吼出100分。在孩子受到挫折的时候，无言的方式更有效——不用说什么，上去拥抱一下，拍拍他的背、他的头就好了。这种无言的动作，孩子全都能够理解。

有一次，女儿跟随我到超市购物，她手里拿了个小玩具玩耍，等到了停车场的时候才想起手中的玩具没有结账。其实，女儿拿走了玩具也没有人知道，但我认为这是培养孩子优秀品质的重要机会，就让女儿把钱送给了超市的收银员。

女儿做完这件事情后，我没有一句口头表扬，只是对她伸出大拇指，表露出非常赞赏的样子。对于这种气氛，女儿能够感受到，这就是对她最好的奖赏。

现实生活中，有的父母用拳头管教孩子，有的父母用嘴巴管教孩子，有的父母用行为管教孩子。不打不骂，不写"暴力作业"，用行动影响孩子，用情绪感染孩子，才是我们追求的教育方向。

【正面解读】

没有哪位父母不关心孩子的学习问题，可催促和责怪以及吼骂往往不会产生良好的教育效果。家长的权威不能靠"吼"和"吓"来树立，对孩子的"指令"也不能是抱怨、指责、数落，不要带有负面情绪。

当一个人发现自己在被别人指责批评时，他会更加不愿意听从，因为他的心理能量此刻都用在防御对方的攻击上。

【温柔教养心得】

不吼不叫，教育孩子要有方法。家长的首要任务是先教会孩子在玩中学，而不是急于把他培养成天才；然后，给孩子的指令不要带有负面情绪，而要具体。比如，不说"你的桌面就应该整洁一些"，而说"现在把自己的桌面收拾一下，我们准备做手工"。

教养孩子，就要顺着孩子的性情喜好去做，多些耐心跟孩子交流，这样孩子会更容易接受。考的成绩好不好不重要，重要的是孩子努力了，就会有进步。

5. "诱惑"孩子爱上阅读

因为我是教师又是作家，很多家长私下跟我聊天，说希望我能给他们的孩子补习一下作文。由于工作忙而且要带孩子，我没能允诺那些家长，但是答应他们网上在线给孩子讲解几堂作文示范课。

于是，我开始精心准备教案，希望在线示范课上不会让家长们失望，更能让孩子们受益。实话实说，精心备课的过程，其实也是自我学习的过程。

很多小朋友写不好作文，这是为什么呢？我发现，很多小朋友害怕写作文。怕写作文，就不敢动笔，那肯定是写不好的。所谓"下笔生辉"，首先是必须愿意下笔，不害怕它。还有的小朋友觉得没有素材可写，或者有了素材却感到无话可写。很明显，那是因为平时的阅读量太小、积累太少。写作文不是一蹴而就的，而是慢慢积累的过程。

那么，怎样才能提高小学生的写作水平，把"要我写作文"的心理负担变成"我要写作文"的乐趣呢？我觉得关键点在于阅读，一定要"诱惑"孩子爱上阅读。

我估计平时有主动阅读习惯的小朋友不多。这很正常，因为现在的网络通信实在太发达，很多孩子根本没有阅读的习惯，更别说能积累多少词句。

肚子里没货，要想写出一篇精彩的作文肯定有难度，有时候简直是磨死孩子，也急死家长。甚至有的家长"病急乱投医"，为了完成老师布置的家庭作业，只能在网上搜资料，随便抄一段应付差事。久而久之，孩子的作文水平要想得到提高就更是难上加难。所以，让孩子爱上阅读是写作的关键。

现在来谈谈我是怎么"诱惑"孩子阅读的。

女儿当时快五岁了，之前我也非常注意培养她的阅读能力，但是发现她的阅读大多是在我的被动意识下完成的——就是说，我叫她看书，她就会看，也会乖乖地看；我不叫她看书，她不会主动去看，就在沙发上自己玩玩具。

最近，我便想到一个方法，想让女儿从被动看书变为主动看书。在幼儿园阅读区的启发下，我特意在女儿卧室的角落，花了几百元钱打造了一个属于她的"小小图书角"——给她买了粉色系列的小书柜、地垫，然后和她一起把所有图书整理好，告诉她：这里以后就是你的专属阅读区了。

我还给自己下了死命令，每天晚饭后无论有多么重要的事情，都必须陪孩子坐在阅读区看半小时书。女儿看完书后要把书中的故事讲给我听，那样才能印象深刻，把货装在肚子里，也才能下笔生花。

这个方法取得的效果是显而易见的。女儿虽然还不认识太多的字，但是已经把被动阅读变为主动阅读，这是一个大进步，我感到很欣慰。

其实，培养孩子的阅读习惯很简单。一是要在家里为孩子营造阅读环境。二是孩子每阅读完一本书，让她讲故事给家长听。三是家长做好榜样。针对不爱看书的孩子，晚饭后家长要少看半小时手机，多陪孩子看半小时书，就足够了。四是对孩子要有足够的耐心。因为坚持阅读、热爱阅读不仅对孩子是个挑战，对成人来说也并非易事。

【正面解答】

阅读，就是运用语言文字获取信息、认识世界、发展思维，并参与体验知识的活动。阅读可以改变思想、获取知识，有利于孩子发展个性，提高孩子的语文水平。

【温柔教养心得】

家长要尤其注重对孩子阅读习惯的培养。但是，阅读习惯的培养对于孩子来说不是那么容易的，关键在于家长的坚持，因为孩子本身的自觉性相对较差，自律性就更无从谈起。

很多家长说孩子没有良好的阅读习惯，自己都没有给孩子起到榜样作用，又怎能要求孩子呢？所以，简单有效的办法就是，家长陪着孩子从易到难、由浅入深地进行有效阅读。

6. 不陪，才是最好的陪伴

一个周末，阳光明媚，碧空万里，是绝好的踏春时节。

早上，我清洗完家里的几桶换洗衣服，又稍微打扫了一下房间，便给好友打电话。

"在干吗呢？带孩子一块儿出去玩玩吧，天气这么好，武汉的春天太短了，再不玩几次就到夏天了。"

"唉，我也想去啊，可是孩子的一堆作业还没有做完，我得陪孩子写作业啊！"

"周六没有写吗？"

"你又不是不知道，我家儿子做事慢慢吞吞得像个蜗牛，学习注意力完全不集中，一会儿要喝水，一会儿要上厕所，一会儿要吃东西，就是不担心自己的作业做不完，哪怕耗到晚上12点，他都一副无所谓的样子。昨天在家一整天也没做多少作业，时间都浪费了，你说我烦不烦？"

"你家儿子做事慢，就是因为你平时陪他写作业习惯了，孩子对你有依赖性，所以间接造成写得慢。你就不应该陪孩子写作业，要让他自己写。你陪孩子写作业，不仅把自己的时间耗进去了，什么也干不了，还没有效率。"

"道理谁不懂？我每天像个保姆，白天上班晚上继续'加班'，买菜做饭伺候孩子，我都快累趴了。可是，孩子小时候没有养成好的学习习惯，现在想改都改不了了。唉！"

"亡羊补牢，为时不晚。现在开始，你就不要陪孩子写作业了，你让孩子在规定时间内必须写完作业。你若陪在他身边，孩子反而有压力，因为你肯定看他写得慢心里着急，一着急就会上火，一上火就会发脾气，一发脾气孩子就会害怕，孩子一害怕更不能专心写作业，那肯定就会写不好，更不会写得快。这样的恶性循环，只会让孩子写作业的习惯越来越差。"我对好友劝慰道。

"难不成你是我肚子里的蛔虫,这些都被你说中了,因为我也和孩子爸爸仔细分析过,就跟你分析的一样。之前,我们也尝试不陪孩子写作业,后来才发现不陪他写作业的情况更糟——他趁我不在房间,不仅一个字没写,还自顾自地玩起乐高玩具来,气得我真的是差点儿打他一巴掌。"

"别气别气,孩子的教育都不是易事。我家孩子写作业,我就坚持不陪,如果她不自觉没有做完作业,我也不批评她,第二天到学校自有老师管教。孩子都是有羞耻心的,如果第二天被老师点名批评而被全班同学耻笑,她自己都会受不了的,回家后自然而然就得完成作业了。"

"那是对你的孩子管用,这招对我家儿子根本不管用。你以为我没想过办法?我曾经跟老师沟通好演这么一场戏,可是你猜他在讲台上怎么做的?"

"还能怎么着?不可能引以为荣吧?"

"你猜对了。他真的不认为不做作业被老师批评就是耻辱。我家孩子的自尊心超级低,低到我都不敢相信他还有没有尊严。唉,真是没办法!"

"这样的话,我也不知道还有什么办法能帮到你了,估计你只能请教专家了。"我也无计可施了。

"行了,不跟你聊了,还是得陪他写作业,一会儿还得去超市买晚上的菜,这日子过得真的和奴隶一般。"

"那你忙吧,有什么需要我帮忙的随时说。"

"拜拜!"挂完电话,在好友的一阵埋怨和叹息声中,我的踏春计划便泡汤了。

【正面解读】

陪孩子写作业,已经不是简单的家庭教育行为,而上升为一种中国式教育的现象了。

由此,家长焦虑到出现各种"壮举",有被气出心脏病和抑郁症的,有被气得吃安眠药才能睡觉的。妈妈搞不定换爸爸,换了爸爸更是狼狈退场,真是应了那句:"不写作业母慈子孝,一写作业鸡飞狗跳。"

【温柔教养心得】

陪孩子写作业,家长应该注意三点。第一,低年级的孩子还不能完全自律,家长适当陪伴会提高孩子写作业的效率,起到督促作用。第二,针对高年级的孩子,家长要让孩子做学习的小主人。第三,孩子最好的学习状态就是自觉、自律、自省。

对孩子多一些鼓励和表扬,错了不责骂,对了不骄傲。要知道,对孩子的教育,"不管"才是最好的"管","不陪"才是最好的陪伴。

/ 第七章 /

品格教育,父母的榜样力量

1. 榜样的力量

大家都说性格外向的孩子，比性格内向的孩子聪明。性格外向的孩子喜欢到处玩，和别人交际，就会见多识广，移情于思考。性格内向的孩子一般宅在家里，两耳不闻窗外事，只会闭门造车。

我一直觉得这个说法挺有道理的，所以一直很看重孩子的成长，没有特殊情况，我到哪里都会带着女儿，目的就是让她长见识。

一次，我要到一所大学去参加文学讲座。本来我没有计划带孩子去，却因为当天情况特殊——家里没有人看孩子，就临时决定带孩子一起去。现在回想起那次讲座的情况，我觉得带孩子去听妈妈讲座这个决策是非常英明的。

12月的冬天特别冷，那天的讲座又是在晚上，我给孩子穿的衣服也比较多。晚上6点，我带着孩子和助理准时到达大学的学术交流厅。一路上，女儿非常好奇，一直问我要带她去哪里，是不是要带她去游乐园？

我扑哧一笑，告诉女儿是带她去看妈妈给大哥哥、大姐

◎ /第七章/ 品格教育，父母的榜样力量

姐做讲座。为了防止讲座途中出现意外情况，我一直叮嘱女儿待会儿要乖乖听话——妈妈在上面讲座，你在下面不能吵闹。

女儿乖乖地答应了。但是小孩子的答应不能当真，我还准备了第二套应急方案——带上她的玩具和作业本，就为了让她能够安安静静地坐在那里做自己的事，不影响到我的讲座。

6点半的时候，我打开提前做好的PPT，开始给大学生做文学讲座，教大家如何写作。之前，我已经在其他学校做过类似的讲座，所以这场讲座对于我来说是轻车熟路。对于女儿来说，她是第一次见到妈妈在讲台上给大家做讲座，觉得很新奇。

讲座大概进行了一个小时，这期间，助理给我拍现场照片，还帮我照顾孩子。女儿也确实很乖，一个人坐在后面的凳子上，把笔和作业本都拿出来，乖乖地写作业。

本来计划一小时的讲座，因为临场加了一些内容，还需要半小时才能结束。对于孩子来说，一个半小时在那里安安静静地专注写作业，确实是一个难题。在最后20分钟，女儿终于按捺不住了。我在台上讲座，看见她来来回回地在大厅的后门进进出出，可能是上洗手间，也可能是出去玩，可以明显看出她的注意力最多只能集中30～40分钟。

最后10分钟，我开始现场签名售书。女儿非常好奇地来

159

到我的身边，看着我给那些学生一个个地签名。她不知道这是什么意思，于是打破砂锅问到底。

"妈妈，你是在把书卖给大哥哥、大姐姐吗？我也要来帮忙。"

"谢谢宝贝，你去和婷姐姐（我的助理）玩一会儿，妈妈现在忙正事呢。"

"妈妈，我长大了也要像你一样在书上写上自己的名字，把书卖给大哥哥、大姐姐。"女儿说完，非常热情地拿过签名书递给那些大学生。

"姐姐好，这是我妈妈写的书，你们都来买吧。"这小家伙竟然给我吆喝起来打广告，那些学生都哈哈大笑。

"小朋友，看来你比妈妈会卖书。看你这么可爱的分儿上，我们就多买几本吧。"几个女学生打趣道。

"谢谢大姐姐。"女儿非常高兴，很有礼貌地回应道。为了不让孩子打扰我签名售书，我让助理把孩子带出去玩一会儿。然而，助理要给我拍照片、维护现场，就没顾到女儿。

等我把签名售书环节完成以后，看见女儿正在和那些大学生聊天，一点儿也不怕生。我非常惊讶孩子的口才和交际能力，同时也很欣慰，这能增长她的人生阅历。所以，我决定以后无论到哪里参加写作活动都把她带去，这对她非常有益。

讲座结束了。回程的路上，女儿睁着大眼睛，非常自豪地对我说:"妈妈,你写了那么多书,在书上可以签自己的名字,你真的好棒。我长大后也要像你一样写很多书,等卖到钱了,我就给妈妈买好看的衣服、买好吃的。"

孩子这一夸,把我逗得哈哈大笑。我轻轻地拍了拍她的肩膀,说:"宝贝,妈妈不需要你赚很多钱来养,妈妈老了会有退休工资。你现在就是要好好学习,长大了做一个对社会有用的人。至于写书,这是妈妈的爱好。等你长大了,你也会有自己的爱好,或许是画画、弹琴、跳舞。妈妈希望你健健康康、快快乐乐地生活,做一个聪明的乖宝宝。"

正当我还准备讲一些其他道理时,却发现孩子已经躺在我怀里睡着了。是啊,孩子跟着我跑了半天,现在也该睡了。让我安慰的是,女儿在心里能承认妈妈的价值,肯定妈妈的兴趣爱好,认为妈妈是最棒的。

所以,我觉得今天带着女儿来参加文学讲座是一件非常有意义的事情。我也为女儿做好榜样,这才是最重要的。以后只要时间合适,我都会尽量带着女儿参加各种文学活动,陶冶情操,开阔眼界。

看着窗外迷蒙的夜色,我也眯起了眼睛,手上抱着孩子,心里已甜甜地睡着了。

【正面解读】

言传身教，意思是不仅要口头传授，而且要在行动上以身作则。家庭教育，就是父母用自己的以身作则去唤醒一颗幼小的种子，用自己的真实行动慢慢影响他，让他生根发芽、枝繁叶茂。

榜样的力量是非常惊人的。父母为孩子做好榜样，比上多少堂教育课更有用。孩子做错事，与其花时间吼孩子，还不如用自己的一言一行影响孩子。

【温柔教养心得】

作为家长，该如何言传身教发挥榜样的力量去引导孩子呢？

带孩子去公园玩，把吃完零食产生的垃圾袋扔到垃圾桶，而不是随意乱丢；带孩子坐公交车和地铁，看见残疾人或者孕妇要主动让座；带孩子去公共场合，告诉孩子不要大声喧哗；带孩子参加公益活动，多接触阳光、正面的事情。这些都能潜移默化地影响孩子，让其成为一个健康、积极向上的好孩子。

2. 白纸的二次利用

在学校做行政工作，什么都不多，就是废纸多。因为一般行政文件资料都是单页打印，背面都是空白的。

大多数老师会把废旧的纸张拿去碎纸机那里碎掉，一开始，我也是这么做的。一天，我清理桌子上的文件，发现足足有几百张废旧纸张，要拿去碎纸也得半小时，就随手把废旧纸张扔进手提袋里。

下班后回到家，我看着这一堆废旧纸张，又随手扔到书房桌子上，然后去做晚饭，想着待会儿吃完饭就下楼当废品处理掉。

做饭期间，我安排女儿写作业。经过一段时间的培训，现在女儿独立写作业并不是难事。等我把饭做好，来到书房看女儿的作业写得怎么样时，发现她并没有写作业，而是在画画。

"作业写完了吗？怎么画起画来了？"

"画完画，我再写。"

"行，反正作业不写完，你就不能去玩，你想画画就画吧！"以前，孩子不写完作业先玩，我肯定是会发火的，但那天正好是周五,想着即使没做完还可以周末再写,所以有些放松,没有过多地指责她。

"知道啦,妈妈真是啰唆。"

"咦,你这小家伙的胆子越来越大,竟然嫌妈妈啰唆。"

"那是爸爸说的,不是我说的,我是跟爸爸学的。"

"行啊,你们父女俩合起伙来欺负我!妈妈不是给你准备了专门画画的纸,你干吗用废纸?这些废纸,妈妈准备拿去丢掉的。"

"妈妈,你不能丢掉这些废纸,这上面有些字我都认识呢,你不是说让我认字吗?而且纸的背面都是干净的,我可以画画。我们老师说了,白纸可以二次利用,背面可以画画、练字,还可以叠成方块用来垫桌子脚,用处可大呢。老师还告诉我们要从小养成节约的习惯,如果把这么多白纸扔掉了,你这样做是不对的。"

小家伙竟然教训起我来了。看着她一副小大人的样子,一本正经地说着,惹得我忍不住笑起来。

"你说得很对,我们要节约,妈妈向你认错,以后一定会改掉浪费这个毛病。你要这些废纸画画、练字还不简单,妈妈的办公室里还有很多,以后每个月都能给你抱回一大堆。行了,现在赶紧去吃饭吧。"

"真的吗?妈妈真的是太好了,我要给妈妈点个赞!"女儿说完,就在我的额头上点了个赞,让我受宠若惊。

女儿高高兴兴地去吃饭了,她的话却留在我的脑海里。

看着这些正面是密密麻麻的字、背面却白花花的纸,我仿佛看见了孩子的真善美。那堆纸张对孩子来说并不废旧,在她的眼里,这些就算只是当作垃圾的废旧白纸也能变成五彩斑斓的世界。那是孩子的纯真和美好,我们不能去破坏。

从那以后,我再也没有将废旧白纸放进碎纸机里,而是积攒够了就带回家,等着女儿将那些废纸变成她心目中无法估价的宝贝。

【正面解读】

"锄禾日当午,汗滴禾下土。谁知盘中餐,粒粒皆辛苦。"这首古诗就是教育孩子要学会勤俭节约。

勤俭节约的习惯,在很大程度上取决于家庭行为,家长要与孩子多沟通、多配合,让孩子懂得劳动创造财富。

【温柔教养心得】

树立孩子的节俭意识,具体做法如下:给孩子讲美德故事,让孩子形成勤俭节约的意识;教育孩子勤俭节约,从节约一滴水、不浪费粮食等日常小事做起;提倡家长有计划地给孩子零用钱,帮助孩子形成健康的消费理念。

总之,培养孩子节约的好习惯,同时培养了孩子拥有良好的社会风尚。

3. 偷拿贴贴纸送妈妈

"德高为师，身正为范。"作为一名人民教师，我始终以这八个字当作人生准则和为人处世的信条。同样，在培养女儿时，我也深知父母作为榜样的引导力量。

父母就像一面镜子，你做什么，孩子就会学做什么；你是什么样的人，也决定了孩子将成为什么样的人。在这点上，我深有体会。

都说不能让孩子输在起跑线上，上小学前必须学会拼音和识字，不然上学后跟不上学习节奏。我虽然不认同这样超前学习的观点，但是大环境如此，我也只能随大溜，于是在孩子五岁半的时候，每周六让孩子上辅导班学习拼音识字。

上完课后，老师还会根据孩子当天的学习表现奖励小贴纸。这种小贴纸很便宜，但是非常实用，很受孩子们欢迎。孩子们的眼里没有金钱概念，哪怕只是不起眼的小贴纸，他们都觉得是至高的荣誉，代表老师对他们的肯定。

一次，女儿上完拼音识字课，当时的天气很冷，我便拉着她准备回家。当我们从三楼走到一楼的时候，我发现女儿手里捏着一叠小贴纸在把玩。我心里开始起疑,因为记得每次孩子学习表现好,老师都会奖励她两张小贴纸——对,就是两张,而不是一叠。

于是,我开门见山地问道:"宝贝,你今天学习什么了,怎么老师给你奖励了这么多贴纸?"

女儿没有说话。我停下脚步,又问:"宝贝,你手里这么多贴贴纸,都是老师奖励你的吗?我记得老师每次只奖励两张,多的是从哪里来的?是老师送你的,还是你自己拿的?"

女儿还是不说话,可能是看出我发现了她的"小举动",所以面有胆怯地看着我。

"宝贝,妈妈觉得做错事没关系,但一定要改正,这才是妈妈喜欢的好孩子。"我把话都说到这份儿上了,就等着她老实交代。

女儿还是不说话,非常倔。我有点儿发火,生气地站在原地不动。

女儿看见我板着面孔的样子,犹豫了一会儿才开口:"妈妈,对不起,老师只给了我两张贴贴纸,剩下的都是我自己拿的。我想送给妈妈,因为我觉得妈妈很棒,妈妈会写书,还能给很多大哥哥、大姐姐讲课,我也想奖励妈妈,所以就多拿了贴贴纸,想送给妈妈。"

女儿手里捏着贴贴纸,眼睛不敢看我,低着头小声地对我说了实话。

的确，孩子犯的任何错误、做的任何错事，我们都不能简单武断地直接去批评，而是要找出原因，对症下药。

女儿偷拿贴贴纸是为了奖励妈妈，因为在她的价值观里，她表现好了老师就会奖励，妈妈表现好了也应该奖励。所以，她就简单地以自己的方式表达了对妈妈的奖励。

能得到孩子的肯定，作为妈妈，我很自豪。但是，这种奖励方式是错误的，要及时纠正过来，引导她往正确的方向走。

于是，我语重心长地对女儿说："宝贝，妈妈能得到你的肯定和表扬很高兴，也很感谢你送给我的礼物。可是，妈妈觉得你应该通过自己的努力获得更多的贴贴纸来奖励妈妈，而不是去拿一些不属于自己的贴贴纸，这样的奖励妈妈不能要。我们上楼去向老师承认错误，把多余的贴纸还给老师，好吗？"

女儿看着我温和的态度，而不是粗暴地骂她吼她，便顺从地点了点头。辅导班老师很配合地表扬了孩子承认错误的勇气，还多奖励她两张贴贴纸。女儿把那两张贴贴纸送给我，事情得到了完美解决——老师既指出了她的错误，又圆了她奖励妈妈的梦，还给她的人生上了一堂完美的品德课。

当我再次带着女儿走下楼的时候，我的心里突然舒坦了。我一直不想用"偷"这个字眼给孩子贴标签，因为孩子的内心是纯洁的,在她眼里,没有"偷"只有"拿"。所以,只要家长正确引导,孩子便会及时改正。

当然,最令我开心的是,我发现自己在孩子心里存在的价值——孩子以妈妈为荣。我也想对孩子说:宝贝,即使全世界都不认可我,只要有你的认可,妈妈这辈子就满足了!

【正面解读】

这种生活场景,也许很多家长经历过,那就是典型的"好心办坏事"。孩子本来是好心,但是办事的方法不对导致犯错。在女儿眼里,那样拿贴贴纸不是"偷",只是拿。

所以,孩子能变成什么样的人,在于家长怎么引导她。如果你劈头盖脸地责骂孩子是"偷",她就会在自我意识里觉得自己是在"偷",那样会亵渎孩子纯洁的心灵。

【温柔教养心得】

对于孩子的"好心办坏事",家长要正确引导、教育孩子,不是自己的东西不能拿回家,那是不文明的行为。即使拿回家了,也要做诚实的人,向老师承认错误并把东西原样归还,告诉孩子:知错就改就是好孩子。

4. 挖洞埋人的光头强

记得女儿五岁半的时候，有段时间不爱上幼儿园，早上送她死活不肯走。为了弄明白原因，我便跟老师请了一天假，带她去了游乐园，让她的心情好起来。

陪女儿坐完旋转木马，看着她笑得合不拢嘴，我便开始试探地问她为什么这段时间不愿意去幼儿园："宝贝，今天开心吗？"

"今天我很开心，谢谢妈妈带我来游乐园玩。"

"开心就好。"

"可今天不是周末，幼儿园没有放假啊？"

"是的，是你不想去幼儿园，妈妈也不能强迫你去啊！"

"妈妈，其实我很喜欢幼儿园的，也喜欢跟小朋友们一起玩。"

"那这段时间，你为什么早上不愿意去呢？"

"因为幼儿园里没有同学跟我做朋友，刘婷婷还说我是黑暗的，说她是光明的，让班上的其他同学都不要跟我一起玩。大家都听她的，我很伤心，一个人坐在教室的墙角边还掉眼泪了呢。妈妈，他们都欺负我，等我长大了，我要挖个地洞把他们都埋到洞里去。"

女儿突然之间就对我敞开心扉，看来带她出来放松一下心情是对的。但是女儿疾恶如仇的心理又让我十分担心，不禁问自己：这算是报复心理吗？这么小的孩子，如果有了强烈的报复意识，岂不是很可怕的事情？但这事急不得，我决定一步一步来探究孩子的心理。

"原来是这样啊，那妈妈想知道，为什么其他小朋友都听刘婷婷的呢？"我有些疑惑，觉得这件事情虽小，但是对孩子造成的心理伤害可不小，我当妈妈的必须重视孩子的心理成长。

"因为刘婷婷经常带巧克力分给大家，大家都喜欢吃，所以都听她的，就不跟我玩了。"

我心里一惊，现在的孩子太厉害了，才上幼儿园就已经懂得糖衣炮弹之道了。女儿嘴里的那个同学刘婷婷真的不简单，长大后可能会成为不错的交际人才。

"妈妈，上次爸爸不是给我们寄了好多巧克力吗？你能不能给我一些？我要带到幼儿园分给大家吃，那样他们就会听我的，跟我玩了。"女儿的脑袋瓜子也够机灵，知道模仿刘婷婷的做事方法。

"可是我记得你们老师说过，幼儿园是不允许带东西吃的，刘婷婷那样做，会挨老师批评的。"

"老师是说过不能带零食，刘婷婷是趁老师不在，偷偷地从口袋里拿出来分给同学的。妈妈，你要是给我巧克力，我不会放在口袋里，而是放在书包里，等放学的时候再拿出来分给同学们，那样老师就不会批评我了。"

我十分惊讶，这小家伙竟然还能扬长避短，采用迂回策略。

"我觉得把巧克力分给同学是一件很不错的事，大家都喜欢懂得分享的小朋友。但是分享应该要光明正大的，而不是放学后偷偷摸摸地去做。"

"好的，我听妈妈的。"

"为什么又听妈妈的话了？平时你很多时候都不听妈妈的话。"

"因为妈妈也是老师，小朋友就得听老师的。"

"哦，原来如此。可是你刚刚还说要挖个地洞把小朋友都埋进去，妈妈觉得这是不对的，你不是说听妈妈的话吗？那你就不能这样做！"

"妈妈，我其实只是跟你开个玩笑，我哪里有那么大的力气挖洞啊？我又不是光头强。"女儿说完，就自顾自地哈哈笑起来。

我这才明白，要挖洞把不跟她做朋友的小朋友埋起来的导火索原来是光头强，心里暗暗埋怨了一通那讨厌的光头强。

"哦，挖洞埋人的事情是坏人才做的，我家宝贝是乖宝宝,不是坏人,也不是光头强,以后再也不能开这种玩笑了,好吗?"

"好的。我今天玩得很开心,谢谢妈妈。"

"妈妈觉得小朋友不跟你玩,肯定还有别的原因,你仔细想想,你平时和小朋友一起玩的时候,有没有懂礼貌?别人帮助你后,你有没有说声'谢谢'?看见老师和同学的家长,有没有主动打招呼?如果你是一个懂礼貌、讲文明的孩子,我相信大家都会喜欢和你玩的。"

"哦,妈妈,我想起来了。上次张若欣帮助我给小花浇水,可是我忘记跟她说谢谢了。还有吴哲成帮助我拿书包,我也忘记说谢谢了。还有……"女儿一下子说了一堆她忘记说"谢谢"的事例。

"没关系,宝贝,以后记得多说'谢谢'就好了。在生活中,'谢谢'是一个很有礼貌的词语,我们要多说、多用,那样小朋友就喜欢和你玩了。"

"我明白了,妈妈。原来不全是巧克力的问题,而是我平时没有给帮助我的同学说'谢谢',以后我一定会多说的。"

"是的,因为巧克力再好吃,同学们也有吃腻的一天。可是你多说'谢谢',同学和老师就会觉得你是个懂礼貌的好孩子,每个人都有一颗感恩的心。"我对女儿语重心长地说道。

"感恩的心，是什么意思啊？"女儿问道。

"等你长大后自然就明白了。行了，走吧，妈妈带你去坐森林小火车。"

事情到了这里，我也终于放下压在心里的石头。那个挖洞埋人的光头强，也不会再纠缠我了。

【正面解读】

一般情况下，家长碰见这种情况都会担心孩子心胸狭窄，有报复心理。所谓报复心理，是一种在社会交往中以攻击的方式，对那些曾给自己带来挫折、不愉快的人发泄怨恨、不满的情绪体验。

一个人被伤害后怀有不满情绪很正常，但若让这种心理继续发展就会形成不健康的人格。

【温柔教养心得】

家长应时刻关注孩子的心理变化，及时帮助孩子改正错误；要让孩子形成自我保护能力，建立自信心；当孩子第一次出现报复倾向和行为时，要及时纠正，一旦错过这个时机，以后解决起来就会相当麻烦；教孩子学会感恩，多说"谢谢"，因为知识学得再多，如果不懂得做人的道理，也很难在将来获得成功；让孩子内心永远充满阳光，在未来的人生道路上越走越宽。

5. 过程才是最美的风景

小龙女两岁了，看着女儿活泼可爱、聪明伶俐，快乐得像个小公主，我和孩子爸爸的心里都美滋滋的。我们觉得，这辈子能拥有这么一个美丽可爱的女儿在身边陪伴，真的是一件幸福的事。

想起一年前，我们还因为训练女儿走路的事笼罩在一片沉重的阴霾里。现在，天空放晴，一切都变得那么灿烂明朗。我们相视而笑，长长地舒了口气。

小龙女一岁的时候，外婆来看她，她可以由大人牵着，自己迈开小脚蹒跚几步。表弟的女儿也是一岁，已经可以牵着满屋子到处走了。我心里就有点儿着急。

一个月后，在外婆的辛苦训练下，小龙女终于可以由大人牵着在广场上遛几圈，可还是不能独立行走。我又开始瞎操心，害怕她没有别的孩子走得早，孩子爸爸笑我是想揠苗助长。

小龙女一岁两个月时，外婆有事回老家了。没有人训练她走路，她更加胆小，只要大人一放手，就一屁股坐在地上开始爬。这时候，表弟的孩子可以自己走得很稳了。

我开始在老公面前分析起来："你看，别的孩子都会走路了，就我们家孩子还不能走路，是不是孩子缺钙啊？"孩子爸爸有点儿不耐烦："孩子从三个月起就开始喝奶粉，怎么会缺钙呢？你别一天没事找事干好不好？"孩子爸爸漫不经心的态度让我有点儿生气，觉得他不关心孩子的成长。

小龙女一岁三个月时，她胆怯的心理一直未能克服，没有大人的牵引，就死活不肯放开脚步。我每天都焦躁不安，又开始在孩子爸爸的耳边吹风："你看孩子这么大了还不会走路，你从来不训练她，每次去楼下玩都是抱着，这样孩子连学走路的机会都没有，怎么会走路呢？"孩子爸爸觉得我是在无理取闹，不搭理我，走开了。

小龙女一岁四个月时，她还是不愿松开大人的手，极度缺乏安全感。有时候，我看见她赖在地板上不肯走路，就耐心地对她说："宝宝，你这样不走路是不对的，不走路的宝宝长大了没饭吃的。"

孩子爸爸这下子可不依了，郑重其事地批评我："哪有像你这样教导孩子的？你不知道鼓励对于孩子的重要性吗？"

"我当然知道，只是太着急了。"

"着急也没有用，要有耐心和正确的引导方式。"

……

那晚，我和孩子爸爸为了孩子的事争得脸红脖子粗。

小龙女一岁五个月时,外婆知道宝宝还不能自己走路,又火急火燎地从老家赶过来,一副不教会孩子走路誓不回家的架势。正是外婆的这个恒心和决心,小龙女终于学会了走路,再也不害怕了,也不再拽大人的手指头了。

小龙女学会走路,是我们全家最高兴的事情。

那时候,小龙女会每天满屋子敲打、观察一切自己感兴趣的东西,这个陌生、广阔的世界让她感到好奇。虽然她学会走路比我们小区里任何一个孩子都迟,但我惊喜地发现,她竟是所有同龄孩子中走得最稳的一个。

孩子爸爸在与我经历了口舌之战后,终于得出他的"结论":"这几个月你是不是瞎操心了?事实证明,小龙女是厚积薄发型的。咱俩都不差,生出来的孩子能差吗?你对孩子都不自信,将来她怎么能自信呢?"

的确,有时候,孩子的成长结果并不重要,过程才是最美的风景。成功的家长不在于给了孩子多少财富,而在于正确、耐心地引导,让他充满自信,勇敢迎接属于自己的未来。

【正面解答】

过程与结果哪个更重要呢?在现实生活中,人们往往注重结果,忽视了过程,这是人们急功近利的具体表现。可以肯定地说,有什么样的过程,才会有什么样的结果,过程和结果是因果关系、相互关系、辩证关系。

【温柔教养心得】

平时辅导孩子学习时,家长告诉孩子要具有良好的学习心态,不要急于结果而忽视过程,也不要因为没有考满分而沮丧失望,要相信自己,用平常心去对待,注重平时知识的积累,反而会考出好成绩。

6.妈妈,我要帮你洗碗

一个周末,吃完晚饭,我觉得有点儿累,就没有及时收拾碗筷,便坐在沙发上休息。

"妈妈,你是累了吗?"女儿暖心地问我。

"是的,妈妈觉得有点儿累了,所以休息一会儿。"

"哦,那妈妈好好休息吧,我去帮你洗碗。"女儿自告奋勇地对我说。

"你帮我洗碗?"我惊讶地张大嘴巴。

"是啊。"

"为什么想起帮妈妈洗碗呢?"

"今天老师告诉我们要主动帮妈妈干家务活儿。"

"这样啊,可是你没有洗过碗,你会洗吗?"

"我当然会了,就像妈妈平常那样洗。"

"妈妈每次洗碗,你都在看着?"

"对啊,我觉得洗碗很好玩,就记住妈妈怎样洗碗了。"

我看着饭桌上的筷子、碗碟,估计女儿不可能完成这么巨大的任务,加之还有油渍,很有可能孩子没收拾干净碗筷就把衣服弄脏了,我又得花时间洗衣服,不是事倍功半吗?

本来我想直接拒绝孩子主动洗碗的请求,但又想着女儿把老师的话听进去了,不能打击她的积极性,于是对她说:"那好吧,宝宝这么心疼妈妈,今天妈妈就看看宝贝的表现。"

"我一定会表现得很好的。"女儿见我答应了,高兴得手舞足蹈。我心里就不明白了,怎么干家务活儿对孩子来说还有这么大的乐趣,自己一下子突然看不懂孩子的内心世界了。

我没有告诉女儿收拾碗筷的方法,只想看看最终的结果。我默不作声,仍然坐在沙发上,开始观察孩子如何收拾饭后的这个烂摊子,毕竟她只有五岁。

饭桌上共有三个盘子三个碗,还有一个大汤盆。女儿走到餐桌前,开始学着我平时收拾碗筷的样子,把桌上的碗和筷子一个个重叠在一起。因为她的手还不够长,有两个碗是她爬到椅子上才够到的。

我看见女儿费了不少劲儿终于把所有的碗筷收拾到一起后,心里捏了一把汗:那么重的碗和盘子,她怎么可能端得动？

女儿试着端了一下，确实端不动。我看着碗和盘子晃了几下，担心碗会被她摔破，正准备跟她说"妈妈来帮忙"的时候，女儿竟然把重叠在一起的碗和盘子分成三摞，每摞正好是她能拿得动的重量。

看着女儿一摞一摞地把碗和盘子端到厨房的水池里，我心里舒了一口气，也比较佩服女儿的聪明，知道想办法解决问题。

第一步算是顺利完成了，开始第二步的重头戏——洗碗。女儿在水池前观望着好像在找东西，没有找到，又跑出来搬了一个小板凳，踩上小板凳打开橱柜。我明白她在找洗洁精，不错，又解决了一个问题，下面就看她怎么洗碗了。

女儿开始放水，我看见她把洗洁精倒进水池里，然后两只手就在水池里开始"工作"。我坐在客厅沙发上，只听见厨房里碗碰碗的声音，还有女儿自娱自乐的欢笑声。等了10分钟，我想那些碗和盘子应该洗干净了吧，于是起身去厨房查看女儿的劳动成果。

这一看，吓了我一跳——厨房的地上到处漫着水，水池里的泡泡到处飞，水龙头的水还在放着。再看看洗洁精，原来的半瓶竟然被她倒进去三分之一，难怪泡泡满天飞。

我心里来气，赶紧关上水龙头，正准备呵斥女儿，女儿却先开口了："妈妈，洗碗好好玩，以后我天天都帮你洗。

你看,我在给碗宝宝和盘子宝宝洗澡,它们被我洗得可舒服了。"

女儿一副极有成就感的模样,加上她这么童心的话语,我哪里还好意思呵斥她。虽然我不想打击她,但也希望她能立马结束这场厨房里的闹剧。

"宝贝,我觉得你给它们洗澡,它们肯定很高兴,但是洗了这么久,也洗干净了,是不是该让它们起来了?"我顺着女儿的幻想往后面编故事。

"它们说洗得很舒服,还想再泡一会儿呢。"女儿坚持还要玩一会儿。我的天,这哪里是洗碗,根本就是增加我清理厨房的工作量。而且,孩子的衣袖已经完全打湿,幸好现在是秋天,室内温度还不算低,如果因此而感冒就麻烦了。

"可是你的碗宝宝和盘子宝宝也想洗完澡早点儿睡觉,你觉得呢?"我想尽办法劝服女儿。

"那好吧,妈妈,我马上让它们去睡觉。"女儿想自己继续做完后续的工作。

我正准备找理由回绝她,突然"砰"的一声,她手上刚刚捞起的一个盘子,因为泡泡没冲干净太滑摔在了地上。看着摔破的盘子,女儿突然哭起来:"妈妈,我的盘子宝宝摔死了,好可怜啊!"

我心里再大的火,被女儿这一哭便浇熄灭了,马上开解她:"宝宝不哭,盘子宝宝没有摔死,妈妈把它捡起来,然后去外面找专业的叔叔把它粘起来。"

"真的能行吗?"女儿眼泪汪汪地盯着我。

"真的,下周末我们就去找专业的叔叔把它救活,好不好?"我抱下站在凳子上的女儿,安慰着她受伤的心灵。

"嗯,妈妈,对不起,是我不小心摔死了盘子宝宝。剩下的盘子宝宝我不洗了,还是你来吧,我怕再摔死它们,它们太可怜了。"女儿开始收起眼泪,一副怕再做错事的模样。

"好的,我也觉得它们要是再摔死就怪可怜的。你去客厅玩吧,妈妈来清洗剩下的碗宝宝。"女儿乖乖地跑去客厅玩玩具去了,我赶紧收拾厨房里的烂摊子,免得再折腾出岔子。

一周后,我在超市里买了一个跟打碎的一模一样的盘子,对女儿说:"你看,叔叔把你的盘子宝宝救活了。"

女儿高兴得抱着我亲了又亲。但从那以后,她再也不主动提洗碗的事了。

【正面解读】

"讲文明懂礼貌,爱学习爱劳动",就是教育孩子从小养成爱劳动的习惯,既能增强其自立自强的精神,又能使其在劳动中学会生活技能。因此,家长千万不要把眼光只盯在孩子的学习上,而应当从小重视对孩子进行劳动教育、培养劳动能力,全面发展孩子的德智体美劳。

/第七章/ 品格教育，父母的榜样力量

【温柔教养心得】

首先，家长应该放手让孩子尝试自己当家做主的感觉，帮助孩子养成热爱劳动的好习惯。例如，早上让他自己穿衣、洗脸、刷牙、整理书包。其次，家长经常激励孩子。例如，可以对孩子说："帮妈妈扫地可以奖励一朵小红花，帮家里的花草浇水可以奖励一朵小红花。集齐10朵小红花，妈妈可以给你买喜欢的玩具。"

有了这样的激励机制，孩子干起活儿来会很带劲儿的。

/ 第八章 /

爱的教育,走出烦恼的纠结

◎ /第八章/ 爱的教育，走出烦恼的纠结

1. 善意的欺骗

相信每个学生都有过不愿意去幼儿园的经历。

因为家里实在无人照料，当我决定把不到三岁的女儿送进幼儿园，仿佛就是她噩梦的开始——她在幼儿园哭了整整一个月。

有些小朋友基本是哭闹一个星期后就适应了幼儿园的生活，甚至有的孩子从头至尾都没有哭过。

第一天把女儿送去幼儿园，我忐忑不安地担心了一整天。去的时候，我告诉女儿说幼儿园很好玩，可以跟其他小朋友玩游戏，然后骗她说中午就接她回来。女儿一听能跟小朋友玩游戏，当然乐意去了，最后还朝我挥手告别。

可女儿哪里知道，妈妈这只是哄她进幼儿园的一种权宜之计。我总觉得这种善意的欺骗不叫欺骗，都是为了孩子好，于是理所当然地给自己找了一个理由。

其实，我不是没有想过女儿只上半天幼儿园，下午接她回家，让她慢慢适应这种生活。可确实因为家里没有人照顾她，不得已只能上一整天幼儿园。

好不容易挨到下午放学时间，果然不出所料，女儿一看见我就哇哇大哭："妈妈，你不是说中午来接我回家，怎么现在才来啊？好多小朋友在中午就被妈妈接回去了。呜呜呜……"我一时语塞。的确，是我的谎言伤害了她稚嫩天真的心灵，我无法为自己辩解什么，只是当着一些家长的面，一行眼泪不由得滚出来。

从老师的口中得知，女儿早餐和中餐竟然都没有吃什么，因为哭得太厉害，老师怕强行喂饭会呛到孩子引起安全问题，孩子就这样饿了整整一天。我的心很疼，恨不得饿了一天的是我自己。这可能就是天下父母心吧！

抱起满脸泪痕的女儿，我在她红扑扑的脸蛋上亲了又亲，她也十分乖顺地趴在我的怀里抽泣。我轻声安慰她："宝贝不哭了，妈妈今天特别想你呢，宝宝第一天上幼儿园表现真棒，回家妈妈有礼物送给你。"女儿一听有礼物，立马变哭为笑："妈妈，什么礼物啊，能不能先吃饭再给我，我好饿啊！"

这是我第一次听到女儿主动说饿，心又使劲儿揪了一下。女儿平时的胃口很小，吃不了多少东西，所以长得瘦瘦小小的，也很少说饿。第一次上幼儿园就主动说饿，那应该是真的饿坏了。

哪个父母不心疼孩子？我赶紧催着孩子爸爸开车回家，第一时间给女儿做饭，她立刻狼吞虎咽起来。这景象确实少见，看得我和孩子爸爸既高兴又辛酸。

"前半个月，要不每天就送半天吧？"孩子爸爸提议。

"我也想啊，可是家里没人，下午半天谁照顾？"我无奈道。

"唉，也是个问题！"

"算了，孩子总要经历这道关的，只能狠狠心了！"现实状况让我不得不狠心。我的父母在老家帮妹妹照看孩子，婆婆在照看外孙，没有精力照顾孙女。

孩子爸爸看我表态了，只能心疼地摸摸女儿的小脑袋，除了叹气别无他法。于是，我们强忍着狠心，只能一天天地把女儿往幼儿园里送，每天晚上继续看她狼吞虎咽的样子。

从第二天开始，我再也没有对女儿进行善意的欺骗，直接告诉她："爸爸、妈妈的工作很忙，又不能请假，中午不能来接你，只能下午接。"女儿心里即使再委屈、再不愿意，也不得不接受这个事实，只能眼里噙着泪花"嗯"了一声。我的内心瞬间被融化，只能紧紧地将女儿搂在怀里。

整整一个月，女儿终于适应了这种她觉得无法改变的事实，不哭了，开始每天乖乖地上幼儿园，然后等着我们下班后接她回家。

【正面解读】

什么叫善意的欺骗？有种欺骗从不带恶意，谎言不被揭穿就能达到欺骗者的意图。被欺骗者有时也知道自己被骗，但会心甘情愿地接受。

对于善意的欺骗，有人抨击它的不道德，有人觉得这是为了使人际关系更加和谐。在我看来，善意的欺骗虽然有违道德，但总比坑蒙拐骗害人利己要好得多。

【温柔教养心得】

每个孩子都需要不断鼓励才能获得自信、勇气和上进心，就像植物必须浇水才能生存一样。

清代教育家颜元说过："数子十过，不如奖子一长。"要教会孩子无论什么时候都不要说谎，告诉孩子，有些善意的谎言是在特殊情况下发生的，不是恶意的欺骗。

2. 幼小衔接班的烦恼

对于孩子是否要上幼小衔接班这个问题，我相信大部分家长的回答是肯定的："不上幼小衔接班，孩子上小学后怎么可能跟得上？"

是的，大部分家长是如此认为，都有不能让孩子输在起跑线上的强烈意识。于是，很多家长会拿自家孩子与别人家

◎ /第八章/ 爱的教育，走出烦恼的纠结

的孩子对比，导致在如今的大环境下，几乎很少有家长不送孩子去上幼小衔接班的。所以，现在很多令人担忧的教育现状，其实都是被焦虑的家长"惯"出来的。

不过，也有喜欢跟大环境较劲儿的家长，别人家的孩子都在火急火燎地上幼小衔接班，她却优哉游哉地把孩子放在家里自己捯饬。

那是我女儿一个同学的妈妈，大家都叫她燕子，也是在教育行业工作。一次，我们几个孩子妈妈聚在一起谈起孩子的教育问题，好几个妈妈都说已经报了幼小衔接班，问我给孩子报了没有。

其实，我心里不主张给孩子报幼小衔接班，因为觉得自己有能力在女儿上小学前把学前班的知识都教给她。

但是我发现，曾经是小学一年级语文教师的我，能教好别人家的孩子，却教不好自己的孩子。这也是后来发现的原因，倒不是我的能力不够不会教，而是孩子不会把我当作老师有敬畏感，只是把我当成妈妈，一点儿都不怕我——我给她讲课时，她根本不专心，反正就是折腾这折腾那，一小时下来没学会几个知识点，倒是浪费了不少时间。

有时候，女儿把我惹烦了，我也会对她吼几句，最后弄得事倍功半，只能叹气：培养出那么多优秀学生的我，竟然管不住自己的孩子。百般无奈下，我只能给她报了一个幼小

衔接班。

说完我的无奈，燕子就非不信这个邪，说她就不报幼小衔接班，不浪费那个钱，自己在家就能教好孩子。我们几个妈妈面面相觑，都说肯定行不通。她却信心满满，说一定能行，让我们一个月后看她的成果。

一个月后，燕子自豪地对我们说："我女儿不用去上幼小衔接班了，因为我已经成功地让孩子在家自学了。"我们非常惊讶地问："那么小的孩子，怎么可能会自学？"

燕子说，她家女儿非常乖巧，她说什么，女儿就做什么。她给女儿买了一台学习机，里面有语文、数学、英语等知识，就安排女儿跟着学习机学习。她女儿很听话，所以学得也快。

有家长就问："孩子天天对着学习机看，眼睛受得了吗？"燕子则轻描淡写地说："学习机的功能很多，有自动护眼模式，也有朗读功能。孩子每学习45分钟，学习机就会自动提醒该休息一会儿了，所以我从不担心孩子的视力会被损坏。"

既然孩子妈妈都这么说了，我们也只剩下佩服的份儿了。

那么，幼小衔接班到底该不该上？我觉得这不是一个绝对的问题，而是相对的。家长要根据孩子的具体情况来定，在家自学能力强的，就像燕子的孩子就可以在家自学，由妈妈辅导，没有必要上幼小衔接班。

父母实在管不住孩子，又担心孩子跟不上学习拉后腿的，就可以去上幼小衔接班。后来，听那些上了幼小衔接和没有上过幼小衔接的家长说，其实上不上没有多大差异，差不多在第三个月的时候，没有上过幼小衔接的孩子就会赶上上过幼小衔接的孩子。

所以，上幼小衔接班，是一个愿打一个愿挨，没有该不该，只有家长心不心安。

【正面解读】

要想鲤鱼跳龙门，高考依旧是一个比较公平的路径。于是，从幼儿园到高中，便催生了众多的课外辅导培训班，帮助孩子提高成绩。

我们不能简单定义培训班就是圈孩子钱的，因为市场需要，它才能繁衍生长。

【温柔教养心得】

在给孩子选择培训班时一定要注意：一是选择适合孩子的培训班，因为每个孩子的学习能力不一样，要对孩子因材施教。二是选择培训班时不能仅看名牌效应，而是看教课水平如何。三是根据自家的经济条件选择上哪种培训课。

3. 女儿是否一定要富养

都说儿子要穷养，女儿要富养。可是，富养出来的女孩子，真的就是最优秀的吗？

我觉得，养育孩子最主要是靠方法，而不是靠贫富。如果家庭条件不允许，不能够富养女孩子，就绝对地说穷养出来的女孩子不优秀吗？显然不能。所谓富养，不是纯粹指在经济上无限制地满足女孩子的所有要求，那叫娇生惯养。真正的富养，应该确切地叫"赋养"，它是一种给予，一种"授人以鱼不如授人以渔"的关爱。

女孩和男孩不一样。跟男孩相比，女孩是温顺柔弱的，仿佛是含苞待放的花朵，需要更多的关爱和呵护。这就要求父母为女儿营造更加宽松、舒适的成长环境。女孩的富养，在于培养她良好的道德品行和禀赋，而不是一味地满足她的物质需求，把她培养成物质上的"白富美"。

所以，女孩要赋养，而不是富养。

朋友小贾的爸爸是某公司总经理，妈妈是某银行高管，家庭经济条件很优渥。小贾有一个女儿，他从不吝惜金钱对

第八章 爱的教育，走出烦恼的纠结

于女儿的培养。女儿从小就大手大脚，衣物要名牌，饮食是什么贵就吃什么，出门有豪车接送，就连生日会都是豪请全班同学参加，活脱脱的小公主培养模式，真正的"白富美"。

可是，这样娇生惯养出来的"白富美"大多脾气不好，不容易与人相处，长大后在社会上也会遭受不少成长的教训。

一次，听说这个女孩因为和同学玩耍时发生了不愉快，明明是她有错在先，非要人家道歉。人家不道歉，她就非常嚣张地直接上前扇了人家几巴掌。

女同学受不了这个侮辱，两人便打了起来。"白富美"平日里嚣张，但真的打起架来哪里是女同学的对手，最后一不小心被推倒在地。"白富美"后脑勺着地，虽然紧急送往医院，但还是得了脑震荡后遗症，智力出了点儿问题。

看看，好好一个"白富美"就这样被自己的嚣张跋扈给害成低智商，即使家财万贯，也救不了智商啊！

再来看看林徽因与陆小曼，这是两个典型按照"富养女儿"标准培养出来的民国闺秀。

林徽因和陆小曼从小就接受了当时最优质的教育，后来俩人在诗歌、外文、绘画、钢琴上的造诣也是各有所长、难分伯仲。那么，她们的教育到底有什么不同呢？答案也许就在教育的目的和境界上。

陆小曼受到的是那个年代典型的"淑女名媛式教育"。

家有一名媛，不仅意味着貌美婀娜、修养高贵、风华万千，更是豪门之家的象征和荣耀，甚至可以通过她在社交场合的游走，为家族带来更强的权力结合、更大的社会影响和实际利益。

所以，那个年代很多富贵之家的女儿，自小都被按照名媛的标准打造。这样的富养教育，带有功利和虚荣色彩，不但附庸风雅，也显示出父母的自私——他们教育女儿只是为了满足自己的意愿，而不是真正地为女儿着想。

林徽因的父亲林长民则不同，他喜欢结交文人雅士，自己也工书法、能诗文，所以有意把女儿培养成艺术家和学者。

所以说，富养仅仅只是条件，教育的目的以及父母的境界对子女成为怎样的人发挥着重要的作用。它们会为女儿带来什么？便是找到一生的志趣。这个志趣有了，女儿一生的路也便定了、稳了。这才是教育的最高境界。

林徽因似乎更符合我们今天"富养女儿"的标准，她是真正地把富养转化成"高起点"和受益一生的"高姿态"。陆小曼却把富养当成"挥霍"，挥霍了钱财与容貌，挥霍了才情与爱情，挥霍了独一无二的青春与人生。

真正的富养，就应该像林徽因一样的"赋养"，而不是像陆小曼一样的"富养"，因为真正富养的教育不是附庸风雅，而是为孩子找到一生的志趣；真正富养的品位，不是时尚奢华，而是拥有高尚审美和高雅气质；真正富养的圈子，不是达官显贵，而是与有思想的人在一起；真正富养的高贵，不是随心所欲，而是自尊自爱并拥有大爱。

【正面解读】

富养理论中有这样一层含义：父母希望给女儿更好的物质条件，不是一定要给她包装上公主的身份、豪门的背景、华丽的服饰和贵族的教育，只是希望她有一天能独自走入繁华社会时，不至于被男人的一粒糖拐走。

换句话说，这是为了让女儿拥有心灵上的自尊与肉体上的自爱，自尊、自爱决定女性的格局。

所以，"穷养"和"富养"的本质区别在于，见过的世面、对待金钱的观念以及延伸出来的"三观"，并非物质上的娇宠。

【温柔教养心得】

家长要真正做到"富养"女儿，首先，应该帮助孩子开阔视野、增加见识，培养孩子的气质和能力，养成独立、有主见、智慧的个性。其次，应该在不同阶段给予孩子心理上的精神支持。有些家长忙于工作，只负责满足孩子的物质需求，忽视了孩子的心理需求。最后，要培养孩子的格局和高度，以及对自尊、自爱的教导与引导。虽说女性都是感性的，但让她们多接触一些博大厚重的东西，如家国情怀、历史素养、文化眼界，也是必要的。

4. 教师节的礼物

朋友的孩子可可今年四岁了，长得人如其名，可爱至极，很讨周围邻居的喜欢。

可可的父母都是大学教师，可可就在父母的大学附属幼儿园里上学，因此她的报名费比外面的幼儿园便宜很多。后来，可可妈妈告诉我，如果加上为孩子课外班投资的其他费用，实际上比外面的私立幼儿园也不便宜多少。

幼儿园要开学了，我在商场里忙着给女儿买各种学习用品和生活用品，正巧碰见可可妈妈。

"真巧，你也在给孩子买文具啊？"我主动跟可可妈妈打招呼。

"是啊，你都买好了吗？"

"差不多买齐了。唉，现在的孩子真是养不起了，一些用品比大人的还贵。"我不禁感叹道。

"可不是！现在的商家多精明，知道小孩子的钱最好赚。

◎ /第八章/ 爱的教育，走出烦恼的纠结

现在大多是独生子女，父母和长辈都把孩子当个宝贝似的，哪家不是孩子要什么就给什么。"可可妈妈也是点点头。

"是啊。对了，可可妈妈，向你请教个事情，这不小龙女马上要上幼儿园了，又赶上教师节也要到了，你家孩子每年都是怎么准备礼物的？"我悄声问道。

"你问这事啊，你不提我还不生气，一提就来气。你说现在的社会都什么风气，幸好我们是学校内部教师子女，否则还得像外面那些人要交择校费。说实话，我就不明白有些人为什么愿意花那么多钱来读我们学校的幼儿园，幼儿园一共有30多个孩子，4个老师哪里有精力照料好。而且，上公立幼儿园，我怕老师没有竞争意识，对孩子都不上心。我们家现在没有条件让孩子读私立双语幼儿园，要不我怎么可能把孩子送这里上学？你说的教师节要送礼物，我觉得这个事情看个人，俗话说'周瑜打黄盖，一个愿打一个愿挨'，我没有收过学生的礼物，我家孩子也没有送过礼物。我是交了学费的，就应该享受学校的服务。"可可妈妈叽里呱啦向我吐了一番苦水。

"那照你这么说，你家孩子读了一年幼儿园，什么都没有给老师送过？"我有些不相信。

"我骗你干吗？哦，也送过，就是教师节让孩子给老师送过花。"可可妈妈笑道。

"送花？那你不怕老师对孩子不好吗？别人家的孩子都

送了什么？"我着急地问到底。

"这样说吧，其实我也担心老师不好好对待我家孩子。但你想，如果全班所有的学生都给老师送礼物了，那老师到底该对哪个孩子好呢？"可可妈妈反问道。

"哪家送的礼物好，老师就对哪家的孩子好啊！"我直来直去地说。

"既然这样，你能比得过那些有钱人的家庭吗？你永远比不过的。与其这样，还不如不送呢。再说，幼儿园老师教孩子学习只是起个启蒙作用，并不能教给孩子太深的知识。所以，有时候我自己教孩子，就不相信我的孩子比别人家的笨。"可可妈妈一副非常自信的样子。

"这样也行，呵呵。"我仔细一想，也是这个理。

"所以，这种事你自己看着办，想送就送，其实就是图个心理平衡。"可可妈妈最后建议道。

"你这话说得有道理，怎么能把学校的风气搞坏呢？我就照你们家一样，送鲜花！"我附和可可妈妈说道。

两人给孩子买完学习用品和衣服，就各自回家了。

【正面解读】

《礼记·曲礼上》说："礼尚往来，往而不来，非礼也，来而不往，亦非礼也。"送礼，传统意义上都是送些实物，多投其所好。但无论你送礼的目的是什么，在送礼的过程中要注重表达礼轻情重的中心思想。

　　随着社会的发展，人情交往中所送礼品逐渐发生了改变，送教育、送健康等礼品不断出现，充分体现了社会需求的多样性。

【温柔教养心得】

　　家长如果想让老师关注到自己的孩子，平时要主动跟老师沟通，这样老师就不会忽略你的孩子。还要记得，节日时，可以送上一张贺卡或一支鲜花来表达家长对老师的感谢，甚至有时候一句"老师辛苦了"都胜过金钱礼品。

5. 孩子应不应该放在家庭中的首位

　　大家听过"孟母三迁"的故事，说的是孟母为了孩子的教育，在那个年代竟然三次搬迁，只为孩子有一个好的学习环境。

　　很多人感动于孟母对孩子教育的全新认识，感动于孟母对于孩子的无私奉献和付出，感动于孟母对孩子教育的深谋远虑。所以，即使到了现代社会，很多望子成龙、望女成凤的父母也会以孟母为榜样，把孩子放在家庭的首位，一切以孩子为出发点，为了孩子可以低声下气地求人，甚至为了上私立学校不惜债台高筑，给孩子铺好路，创造机会，只为完成自己的愿望和梦想。

其实，我们能理解这些家长的心情，谁不希望孩子长大后更优秀。我也希望女儿长大后能比我更优秀，如果有必要，我也会学孟母三迁，但前提是自己具备那个条件，不能打肿脸充胖子。

这里我要讲的是，现在的家长可能误解了孟母的教育理念和本意。孟母三迁只是为了给孩子提供更好的教育环境，也是在家庭条件允许的情况下。而且，这个故事并没有说孟母为了孩子做出任何不切实际的举动。

再看看现在的家长，真的就是拿着孟母三迁的幌子去打"爱孩子"的旗帜，以显示他们作为父母的无私和伟大。

我听说过一个家庭为了让孩子上一所更好的学校，不惜借钱买房子的事情。

事情经过是这样的。这对家长从小的家庭条件就很一般，本身也没有读过什么书，普通的工人。所以，有了孩子后，他们特别希望孩子能有出息，改变他们贫穷的命运。而且，这对家长极其好面子，什么事情都喜欢攀比，别人家孩子有的，他们想办法给孩子买，有时没钱就借钱买。

为了满足孩子的需求，他们几乎把亲戚都借了一个遍。

◎ /第八章/ 爱的教育，走出烦恼的纠结

关键是，以前借的钱一直没有还，亲戚也看明白了，慢慢地都不愿意再借给他们一分钱。于是，两口子干脆辞掉工作，创业开了个小饭馆，希望能在经济上更加富裕一点儿，为孩子的教育增加筹码。

不过，饭馆的生意一般，只能维持正常运营，赚不到太多的钱。到了孩子读完小学要上初中时，因为对口的学校很一般，孩子班上有条件的同学都择校到更好的中学去了。这对家长便也跟风，可是他们既没有背景又没有关系，要想择校，唯一的路径就是买对口的学区房。

夫妻俩经过商量，最后一致同意把饭馆卖掉，给孩子买学区房。但是小饭馆不值钱，哪里够买学区房呢？他们便又想着找亲戚借钱，但之前借亲戚的钱都没有还，谁还会再借给他们呢？眼看孩子开学的时间越来越近，学区房又没有着落，两人愁得一夜之间白了不少头发。

夫妻俩想从孩子身上得到安慰，每天不断地给孩子灌输这种思想："我们为了你倾家荡产，你以后如果没有出息就没脸见我们。""你一定要好好学习，你看我们为你付出了全部，好的都给你吃，你要什么都满足你，你就是我们全家人的希望，你一定不能让我们失望。""这次考试没有考到全班第一名，回来就得罚站。"

这些话弄得孩子的压力很大。本来孩子挺单纯的，没有物质性的欲望，但是活生生地被父母给培养成了爱攀比的"贵

201

族子弟"，以至于有一天孩子说他们同学上初中前都会配手机，就要求父母也给他买部手机。

当时，夫妻俩还在为学区房的首付没有着落而着急上火，哪里有多余的钱给孩子买手机，于是生平第一次没有满足孩子的要求，说："等把学区房的事情解决以后再给你买，先等一年吧。"

从小就被满足惯的孩子哪里等得及一年时间，非要马上买，还威胁父母说不买就跳楼。父母以为孩子在开玩笑话，也没在意，而且确实手里没有闲钱买手机。哪知，孩子就在父母拒绝的那一刹那，当着父母的面就从自家窗户跳了出去。那是十几楼，掉下去哪里还有命？

不管自家条件，凡事把孩子放第一位的，多半会以悲剧收场。

【正面解读】

"知识可以改变命运"，这句话不假，特别是对于没有任何背景和关系的贫困家庭的孩子，读书是唯一可以改变他们人生命运的途径。作为父母，重视孩子的教育本身是好事，可是一定要量力而行，不能自家没有那样的经济条件，却要不惜一切代价打肿脸充胖子去创造不切实际的条件，最后得不偿失，追悔莫及。

【温柔教养心得】

首先，父母对孩子要有强烈的责任心。既然有了孩子，无论在生活还是学习上，就得对他负责，不能因为工作忙等理由放任孩子不管，导致孩子长大误入歧途。其次，父母要从小培养孩子正确的价值观和人生观。告诉孩子，养育孩子是父母的责任，父母会尽自己最大的努力给他提供良好的教育环境，但你的人生是否成功，最终还得靠自己。最后，父母在生活中要为孩子做好榜样。教育孩子不能盲目攀比，要一步一个脚印，踏踏实实学会做人与做事。

6. 爸爸不能只为孩子提供物质财富

夫妻之间难免发生不愉快，有的是因为家庭琐事，有的是因为孩子的吃喝拉撒睡，有的是因为价值观不一致，有的是因为婆媳关系。

反正不管什么原因，最后都让一件不起眼的小事弄得整个家鸡飞狗跳，严重的还会导致夫妻关系破裂，以离婚收场。

同事F就跟我聊起一件类似的事情，故事主角是她的表姐。

F表姐的家庭条件比较好，孩子爸爸在一家世界500强公司坐到了高管的位置，表姐则是一名工作稳定的国家公务员，这样的组合算是完美搭档。在外人看来，他们郎才女貌，有一个8岁、聪明活泼的孩子，一家三口生活幸福，人人称羡。但这只是外相，听F说，表姐有事没事就在微信上跟她一聊就是一小时，尽是一肚子苦水。

F说，在外人看来如此美好的一家人，其实表姐是哑巴吃黄连，有苦说不出。因为他们两口子都是有头有脸的人物，所以都不好意思对外说家庭矛盾，但是日子究竟过得好不好只有自己知道。

表姐说，她丈夫非常大男子主义，除了工作，家里的事情一概不管，完全就是甩手掌柜。倒不是说非要他做点家务活儿，因为做饭、家务、照顾孩子都由保姆来做，就是因为孩子的教育问题，他们存在比较大的分歧。

孩子的吃喝拉撒睡，表姐作为母亲当然要照顾，但是孩子的学习不能只是妈妈一个人的事情，爸爸也应该担负一部分的责任。例如，夫妻之间可以分工辅导孩子，爸爸辅导数学，妈妈辅导语文，这样也可以增进父母与孩子的亲子关系——亲子关系最能影响孩子的成长和发展。

陪伴式成长，对孩子的身心发展最有益处。但是，表姐说她丈夫从孩子出生到8岁，无论是生活还是学习几乎很少陪伴，在孩子眼里，爸爸仿佛成了透明人，更不用说抽出周

◎ /第八章/ 爱的教育，走出烦恼的纠结

末的时间陪孩子去郊游，甚至陪孩子过生日都成了奢望。

表姐虽然怨言一大堆，但作为国家公务员算是高素质人才，对于丈夫忙于工作没有时间管孩子最终做出让步和理解，唯一让她不能理解和容忍的是丈夫的观念和态度。

孩子爸爸的观念是，他只需要给孩子创造足够多的物质财富，其他事情一概交给妈妈。丈夫这样的观念，让表姐十分气恼，如果说只是因为工作太忙没有时间照顾孩子可以理解，如果骨子里认为男人只要挣钱养家养孩子，其他事情一概不管的男权主义就让人完全不能接受。

表姐为此跟丈夫发生过几次激烈的争论，但最终都不了了之。他们都是要面子的人，不可能因为一时的观念不同而离婚。她丈夫反倒怪她，说她太矫情，女人就应该在家三从四德，男人在外面打拼事业不容易，女人应该多多体谅。关键是，表姐不是没有工作的家庭妇女，她也在工作，凭什么男人只顾工作不管其他，表姐既要工作还要管家庭所有事情？表姐一直想不通，又没有疏解的办法，只能隔三岔五地找F吐苦水。

听完F说的事情，我不禁开始思考，是啊，凭什么男人只需要工作而不用管其他事情，女人既要工作还要管其他事情呢？

其实，这样大男子主义的家庭还真的不少，不怕大家笑话，我们家孩子爸爸也有一些大男子主义，只不过可能因为

工作性质不一样，矛盾的轻重程度也不一样。他也认为男人的工作重点在外面，没有过多的时间陪伴孩子，但偶尔也会抽空来陪孩子玩、过生日。

那么，问题来了，爸爸真的只需要为孩子创造物质财富吗？当然不是。现在是男女平等的时代，没有男尊女卑的概念，如果说那些大男子主义的爸爸还是执迷不悟，估计最终受害的就是孩子了。

【正面解读】

很多做生意的家长，认为他们的责任就是为孩子提供物质财富。其实，最好的财富不是给孩子留下多少存款，不是给孩子留下多少房产，而是真真实实的陪伴——陪伴孩子每一段的成长时光，亲自见证他的成长点滴。

【温柔教养心得】

爸爸的爱不可或缺，那么，爸爸的陪伴有哪些优势呢？第一，爸爸比妈妈更有计划性、目的性。第二，爸爸的知识面相对较广，利于拓展孩子的视野。第三，爸爸相对不容易溺爱孩子。第四，爸爸有助于培养孩子的责任心。第五，爸爸能让孩子学会更独立。第六，爸爸能培养孩子良好的人际关系。第七，爸爸能帮助孩子养成爱运动的习惯。

7. 父母的错，不应该让孩子来承担

这个问题，得从一则令人心酸的新闻视频说起。

2017年9月9日下午，××小区，一位女子因为离婚纠纷带着女儿跳楼了。据说女子的丈夫出轨，已三个月未归家，万般无奈之下她才选择这种决绝的方式。鱼死网破的报复，看似在惩罚对方，实则在惩罚自己和最让人揪心的身边的孩子。

视频里，女子让孩子先跳，看过视频的人都不可思议，这是亲妈吗？孩子作为当事人，她没有愤怒，没有反抗，没有逃跑，而是紧紧抱着站在空调外挂机边缘的妈妈，试图以自己弱小的力量把妈妈拉到安全地带。

视频里，女孩一句"妈妈，别拽我，我自己跳"令我眼泪直流，当时的场景对于孩子来说，是她无数次与恐惧的斗争——孩子害怕死亡，更害怕失去妈妈。为了不让妈妈伤心，女孩一直在积攒往下跳的勇气，同时对妈妈安慰："妈妈你别急，我会听话的，会陪着你的……"

到了这里，我真的有点儿看不下去了。在女孩眼里，无论父母做了什么，他们永远是自己生命中最重要的人。

很多人说父母对孩子的爱是无条件的,其实不然。父母在爱孩子的同时,总是对孩子有着各种期待,希望他懂事一点儿,聪明一点儿,学习成绩好一点儿,或者有些在亲友面前炫耀的技能。

父母之爱,并不是那么不计回报的,都希望自己付出的爱能浇灌出优秀的花朵。如果孩子没有按照自己期待的方向发展,就会感到无比生气或者不满。

孩子对父母的爱,才真正是无条件的。无论父母是贫是富,是美是丑,是健康或疾病、温和或暴戾,孩子都爱得毫无保留,并且不会期待你变成什么样子。

父母对孩子都有一个完美期望值。那些调皮捣蛋、不爱学习、没有礼貌、挑食的孩子,都不那么让人省心,离父母理想中的好孩子相差甚远。但在孩子眼里,父母生而完美,无可挑剔。

再来说说我家快六岁的小龙女。一天傍晚,她练完钢琴对我说想出去玩一会儿,我没有理她。她又说了一遍,我还是没有理她,然后她又说了第三遍。当时我正在写稿子,依然没有理她。到了她说第五遍的时候,我便冲她发火了:"妈妈工作的时候不要来打扰,知道吗?现在这么晚了还出去玩什么,自己去看会儿书吧。"

女儿委屈至极,没再说话便独自跑到书房去了。

◎ /第八章/ 爱的教育，走出烦恼的纠结

等我结束工作，才静下心来想想刚才发生的事。孩子对父母的包容，远比父母对孩子的耐心强大。女儿说了四次想要出去玩，我没有理她，她也没有对我生气，而我却在她说到第五遍的时候发了脾气。

很多时候，我会控制不住脾气跟孩子发火，但事后都会深深自责，因为不是孩子做错了什么，而是自己的心情不好。孩子委屈地哭完，跑来央求我抱的时候，我又会后悔：孩子从来不介意我对她的态度，我却对孩子做了什么。

是啊，我们希望孩子听话，却不认真听孩子对我们说的话；我们希望孩子乖巧，在我们打开家门的那一刻能飞快地扑过来，却又希望孩子能在我们忙碌的时候懂事地闪开。相比孩子的爱，我们是多么的汗颜——我们不开心，他们学着察言观色，讨好地靠近；我们生气了，他们低头认错，乖乖受罚；我们忙于工作，他们就在冷落中学会顺从与等待。

俄国作家陀思妥耶夫斯基说："和小孩在一起，可以拯救你的灵魂。有时候，不是我们教孩子去爱，而是孩子教我们去爱。"孩子的感情是神圣的，相信为人父母的都能体会：无论父母怎么打骂自己，对自己多不满意，自己受了多大的委屈，对父母的爱都不会折损一分一毫。

就像视频里的那个小女孩一样，就算妈妈推她下楼，她也依然爱妈妈。

父母的错，应该由孩子来承担吗？当然不能！虽然孩子

是亲生的，但是任何人都没有剥夺他人生命的权利。家庭关系的处理方式往往对孩子的影响很大，千万不要用大人的过错来伤害孩子，他们更应该享受父母的爱。

【正面解读】

父母没有对孩子付出该尽的责任，孩子反而要承担父母的过错，这对孩子的心理发展有很大影响，很容易导致孩子没有安全感，形成多疑性格，长大后也不能恰当地处理好友情、爱情等情感关系，影响到人际交往。

【温柔教养心得】

首先，家长要给孩子营造和谐的成长环境。父母的性格好，关系和谐，也会促进孩子的性格养成。其次，陪伴是给孩子最好的礼物。父母应该抽出一定的时间陪伴孩子快乐成长。最后，父母不能剥夺孩子的人权。孩子是独立的个体，有自己的人权和选择权，无论遇到什么问题都不应该拿孩子的生命健康作为筹码。

后 记

温柔教养的告白

著名儿童文学作家郑渊洁说过:"每一个孩子都是天使,关键在于我们怎么培养教育他们。"的确,教育孩子是一门需要用一生去探索的问题,陪伴则是父母对孩子最长情的告白。

曾几何时,会想过自己在三十岁过后当上妈妈?曾几何时,会想过为了女儿几十年如一日笔耕不辍?曾几何时,会想过孩子才是我一生中最宝贵的财富?一直以为,自己只是个喜欢舞文弄墨的文艺小青年,不料岁月荏苒,俨然之间已有了世界上最伟大的名称——母亲!

然而,母亲这个角色不是那么容易胜任的。孩子的点滴成长,酸甜苦辣,在母亲心中都是无法抹去的记忆。

其实,我极爱女儿,只是有些时候因为带女儿过度消耗了精力而让我烦躁不安,甚至会批评、指责孩子。但孩子天生是一张白纸,她会在你对她进行不公平批评的同时,做出一系列让你惊讶的举动。而后，我们主动反思，自我批评，有时候也会笑自己，活了这么大岁数竟然不如孩子来得童真。

和女儿生活的点点滴滴，让我懂得如何为人父母，如何循循善诱，如何突出重围找出孩子的闪光点，这就是父母应该反思的。或许平时一句句再平常不过的话，你根本就没有放在心里，但孩子听在心里那就是"十万个为什么"。

毫无疑问，母爱是世界上最伟大的。我对女儿亦是如此，只要是为了孩子，一切都奋不顾身，愿意用一切换取她的无忧无虑、快乐安康。但是，孩子不可能一辈子依赖我们，终有一天她会脱离我们的羽翼飞向天空、经历风雨。所以，教育孩子要趁早，别等孩子长大了，让社会这个大家庭替你教育她。

在育儿这件事上，我们从来都存有不少困惑。别人的"育儿经"，借鉴可以，但不能复制。妈妈不仅要演绎好保姆的角色，还要扮演好家庭教师的角色——对于孩子，家庭环境的影响和父母的正面教育是最关键的。

每个家庭要采取适合自己的教育方式，但由于家庭背景、父母知识结构、孩子的个性不同，适合一个家庭的教育方式并不一定适合另一个家庭，不要轻易把某个家庭的教育方式变为一种模式。教育是长期的，具有延续性，更重要的是要有科学性、针对性。但请记住，唯一没有错误的教育方法，那就是温柔教养。

雅斯贝尔斯说过："什么是教育？教育就是一棵树摇动另一棵树，一朵云摇动另一朵云，一个灵魂唤醒另一个灵魂。"家庭教育就是父母言传身教、以身作则地去唤醒一颗幼小的种子，用真实的行动来慢慢影响孩子。

真正的教育不是什么都管，也不是什么都不管，在管与不管之间还有一个词叫唤醒。父母要培养孩子的好奇心，要给孩子的想象力插上翅膀——爱孩子，就要学会放手。温室里长不出参天大树，孩子终要自己学会面对一切。

总之，家长要认识自己，认识孩子，找到适合自己和孩子的教育方法，尊重孩子，多交流，多陪伴，做有远见的父母，怀揣美好的愿望上路。要知道，孩子也是父母最好的老师，也让父母在陪伴孩子的过程中成就了更好的自己。

有时候，养育孩子就像牵着蜗牛去散步，你走得越快，她越着急，越容易出错，越出错就越着急，最后可能缩进蜗牛壳里不愿再出来。所以，对于孩子的教育不要着急，让孩子慢慢走。

最后，

愿每一个孩子的内心都充满阳光！

愿每一个孩子都可以被平等尊重、温柔对待！

愿每一位家长都能够学会换位思考！